高职高专经济管理专业"十四五"系列精品教材·会计类

成本核算与分析

- ■ 主　编　陈向红　李素其
- ■ 副主编　张三月　任晓红
- ■ 企业顾问　高俊岐　秦黎刚

华中科技大学出版社
http://www.hustp.com
中国·武汉

图书在版编目(CIP)数据

成本核算与分析/陈向红,李素其主编.—武汉:华中科技大学出版社,2020.3(2022.2重印)
ISBN 978-7-5680-3145-5

Ⅰ.①成… Ⅱ.①陈… ②李… Ⅲ.①成本计算 ②成本分析 Ⅳ.①F231.2 ②F224.5

中国版本图书馆 CIP 数据核字(2020)第 013170 号

成本核算与分析　　　　　　　　　　　　　　　　　　　　　陈向红　李素其　主编
Chengben Hesuan yu Fenxi

策划编辑：聂亚文
责任编辑：刘　静
封面设计：孢　子
责任监印：朱　玢
出版发行：华中科技大学出版社(中国·武汉)　　电话：(027)81321913
　　　　　武汉市东湖新技术开发区华工科技园　　邮编：430223
录　　排：华中科技大学惠友文印中心
印　　刷：武汉市洪林印务有限公司
开　　本：787mm×1092mm　1/16
印　　张：13.75
字　　数：350 千字
版　　次：2022 年 2 月第 1 版第 3 次印刷
定　　价：45.00 元

本书若有印装质量问题,请向出版社营销中心调换
全国免费服务热线：400-6679-118　竭诚为您服务
版权所有　侵权必究

前言

习近平同志在十九大报告中指出,要完善职业教育和培训体系,深化产教融合、校企合作。遵循现代职业教育理念,结合高职院校会计专业的人才培养目标,按照成本会计岗位主要工作任务和岗位能力的要求,我们根据中、小型制造业成本核算典型工作流程和涉及的典型工作任务划分教学模块、构建项目单元,联手企业会计专家一起编写了本书。

本书具有以下特点。

（1）立足中小型企业成本岗位主流业务,以强化技能培养为重点,根据典型业务构建每一个项目单元。

（2）以仿真案例为背景,创设系统反映成本核算流程中的典型业务和工作过程的情境,增强学生的实操感。

（3）大部分教学单元都设置了"温馨提示""学习目标""知识导航""边学边做""上岗一试""知识巩固"等栏目,有利于进行教学互动和对所学内容的巩固。

（4）通过设置工作情境,使学生以岗位工作者的身份参与到教学活动中来,在完成工作任务的过程中,学习、研究工作方法,从而强化他们学习的主动性,培养他们的独立思考能力、灵活运用能力等。

本书既可供高职高专院校会计专业学生作为教材使用,也可以作为财经类其他专业学生的选修教材,还可以作为在职会计人员的培训和自学用书。

本书由陈向红、李素其担任主编,由张三月、任晓红担任副主编,张永欣、孟欣、白玉翠、马静参与了部分内容的编写。另外,孟欣还负责制作教材配套课件。全书由陈向红总纂和审核。

在编写过程中,我们吸收了目前国内同类图书的优点,同时还得到了相关企业会计专家(石家庄常山纺织集团有限公司财务总监高俊岐、新道科技股份有限公司河北分公司总经理秦黎刚等)的大力支持,在此我们表示衷心的感谢!

虽然我们做了很大的努力,但由于水平有限,书中难免会存在某些欠缺,不足之处恳请读者批评指正并及时将意见反馈给我们,以便后续修订和完善。

编 者

目录

模块 1　初识成本 .... (1)
　　项目 1.1　制造业基本生产经营活动认知 .... (1)
　　项目 1.2　认知成本和成本会计 .... (8)
　　项目 1.3　产品成本核算程序 .... (14)

模块 2　制造业成本核算的典型工作任务 .... (21)
　　项目 2.1　材料费用的归集和分配 .... (21)
　　项目 2.2　燃料和动力费用的归集和分配 .... (33)
　　项目 2.3　职工薪酬费用的归集和分配 .... (37)
　　项目 2.4　折旧等其他费用的归集和分配 .... (54)
　　项目 2.5　辅助生产费用的归集和分配 .... (57)
　　项目 2.6　制造费用的归集和分配 .... (72)
　　项目 2.7　损失性费用的归集和分配 .... (85)
　　项目 2.8　生产费用在完工产品与在产品之间的分配 .... (93)

模块 3　产品成本计算方法 .... (117)
　　项目 3.1　模块导读：产品成本计算方法认知 .... (117)
　　项目 3.2　品种法实务 .... (124)
　　项目 3.3　分批法实务 .... (143)
　　项目 3.4　分步法实务 .... (157)

模块 4　成本报表的编制与分析 .... (186)
　　项目 4.1　成本报表的编制 .... (186)
　　项目 4.2　成本报表的分析 .... (193)

参考文献 .... (214)
读者意见反馈表 .... (215)

模块 1 初识成本

项目 1.1 制造业基本生产经营活动认知

1.1.1 企业经营活动认知的重要性

成本核算工作与企业的具体生产特点和管理要求密不可分。让学生了解企业的生产经营过程,特别是产品生产的工艺流程,有助于学生对课程内容的理解。因此,在学习"成本核算与分析"课程之前,教师应通过各种方式(如带领学生到企业参观、组织学生观看相关视频等)让学生切身感受企业的生产过程,以增强他们的感性认识。

1.1.2 背景企业认知

本书中的"上岗一试",均以背景企业——飞跃轮胎有限责任公司的成本核算资料为线索进行。

1. 公司概况

企业名称:飞跃轮胎有限责任公司。
地址:××市朝阳区黄河大道 88 号。
法定代表人:刘晨。
注册资金:壹仟捌佰万元整。
企业类型:有限责任公司。
经营范围:生产、销售自行车轮胎和摩托车轮胎。
纳税人识别号:11081247653987。
开户银行账户:中国银行××市朝阳支行。
开户银行账号:667-454-234。
会计主管:陈惠玲。
会计:张晓云。

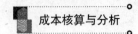

出纳员:冯梅。

成本核算:胡苗苗。

记账员:马军。

仓库管理员:张良。

飞跃轮胎有限责任公司组织架构图如图1-1-1所示。

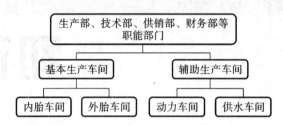

图1-1-1 飞跃轮胎有限责任公司组织架构图

2. 公司产品生产工艺流程简介

飞跃轮胎有限责任公司主要生产自行车轮胎和摩托车轮胎,产品有自行车内胎、摩托车内胎、自行车外胎、摩托车外胎。飞跃轮胎有限责任公司设有内胎车间和外胎车间两个基本生产车间,设有动力车间和供水车间两个辅助生产车间。飞跃轮胎有限责任公司内胎车间产品生产工艺流程如图1-1-2所示,外胎车间产品生产工艺流程如图1-1-3所示。

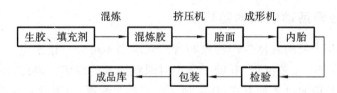

图1-1-2 飞跃轮胎有限责任公司内胎车间产品生产工艺流程

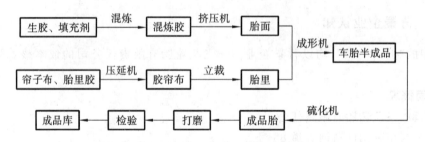

图1-1-3 飞跃轮胎有限责任公司外胎车间产品生产工艺流程

3. 201×年2月份公司成本核算资料

以下资料仅涉及飞跃轮胎有限责任公司内胎产品。

(1)月初在产品资料如表1-1-1所示。

表1-1-1 月初在产品资料　　　　　　　　　　　　　　　　单位:元

产品名称	成本项目				合计
	直接材料	燃料和动力	直接人工	制造费用	
自行车内胎	348	40	58	68	514
摩托车内胎	697	60	136	150	1 043

(2) 产品产量及工时统计如表 1-1-2 所示。

表 1-1-2　产品产量及工时统计

产品名称	产量/条				实际工时/时
	月初在产品	本月投产	本月完工	月末在产品	
自行车内胎	58	6 000	5 990	68	5 000
摩托车内胎	80	3 000	2 990	90	4 000

(3) 内胎材料消耗定额如表 1-1-3 所示。

表 1-1-3　内胎材料消耗定额

材料名称	计量单位	产品名称	
		自行车内胎	摩托车内胎
生胶	千克	0.20	0.40
填充剂	千克	0.30	0.20
硫化剂	千克	0.02	0.05
京光红	千克	0.01	0.02

(4) 材料价格:硫化剂,5 元/千克;煤,1 400 元/吨;包装纸箱,2 元/个;汽油,3.50 元/公升;低值品,40 元/个;水管,20 元/米;机油,20 元/公升;填充剂,4 元/千克;生胶,6 元/千克;京光红,15 元/千克;嘴子,0.50 元/套。

(5) 本月领用材料如表 1-1-4 至表 1-1-10 所示。

原料及主要材料:生胶、填充剂、硫化剂、京光红、嘴子。

燃料:煤。

辅助材料:机油、汽油。

低值易耗品:低值品、水管。

包装物:包装纸箱。

表 1-1-4　领料单(一)

部门:内胎车间　　　　　　　　　　　　　　　　　　　　　201×年2月3日

品名	单位	数量	单价	金额
生胶	千克	3 000		
硫化剂	千克	400		
填充剂	千克	2 500		
用途	产品领用			

领用部门主管:赵军　　　　会计:张晓云　　　　保管员:张良　　　　领料:丁斌

表 1-1-5　领料单(二)

部门:供水车间　　　　　　　　　201×年2月5日

品名	单位	数量	单价	金额
低值品	个	10		
水管	米	30		
机油	公升	4		
用途	车间耗用			

领用部门主管:刘胜　　　　会计:张晓云　　　　保管员:张良　　　　领料:陈东

表 1-1-6　领料单(三)

部门:动力车间　　　　　　　　　201×年2月5日

品名	单位	数量	单价	金额
低值品	个	5		
机油	公升	4		
煤	吨	10		
用途	维修领用			

领用部门主管:王强　　　　会计:张晓云　　　　保管员:张良　　　　领料:武文

表 1-1-7　领料单(四)

部门:内胎车间　　　　　　　　　201×年2月10日

品名	单位	数量	单价	金额
生胶	千克	2 400		
硫化剂	千克	230		
填充剂	千克	2 000		
用途	产品领用			

领用部门主管:赵军　　　　会计:张晓云　　　　保管员:张良　　　　领料:丁斌

表 1-1-8　领料单(五)

部门:内胎车间　　　　　　　　　201×年2月11日

品名	单位	数量	单价	金额
京光红	千克	270		
嘴子	套	9 000		
包装纸箱	个	300		
用途	产品领用			

领用部门主管:赵军　　　　会计:张晓云　　　　保管员:张良　　　　领料:丁斌

表 1-1-9　领料单(六)

部门:行政管理部门　　　　　　201×年2月15日

品名	单位	数量	单价	金额
汽油	公升	200		
用途		汽车耗用		

领用部门主管:张力　　　　　会计:张晓云　　　　　保管员:张良　　　　　领料:王一

表 1-1-10　领料单(七)

部门:内胎车间　　　　　　201×年2月15日

品名	单位	数量	单价	金额
机油	公升	4		
用途		车间一般性耗用		

领用部门主管:赵军　　　　　会计:张晓云　　　　　保管员:张良　　　　　领料:丁斌

(6) 该月共耗电 20 000 度(1 度=1 千瓦·时),用银行存款支付动力费用 16 000 元,如表 1-1-11 所示。

表 1-1-11　同城委托收款凭证(付款通知)

委托日期 201×年2月28日　　　　　　　　　　　　　　　　　　　　　　NO 786940

付款人	全称	飞跃轮胎有限责任公司	收款人	全称	××市电力公司								
	账号	667-454-234		账号	127598862								
	开户银行	中行××市朝阳支行		开户银行	中行××市朝阳支行第一分理处								
委收金额		人民币(大写)壹万陆仟元整			千	百	十	万	千	百	十	元	角	分
							¥	1	6	0	0	0	0	0
款项内容	电费	委托收款凭证名称	电费缴款通知书	附寄单证张数				1						
备注:本月电费		中行××市朝阳支行第一分理处 201×.2.28 业务受理章		付款人注意: 1. 劳务供应双方签订协议后方能办理。 2. 如无协议,可备函说明情况,向收款单位办理委托收款,将原款划回。										
付款人开户银行收到日期														
年　月　日 复核　　　记账		付款人开户银行签章 201×年2月28日												

注:外购动力费用先计入"辅助生产成本——动力车间",月末随同动力车间发生的动力费用一起分配。

(7) 职工薪酬费用。

职工薪酬费用如表 1-1-12 至表 1-1-14 所示。

表 1-1-12　职工薪酬结算汇总表

201×年2月　　　　　　　　　　　　　　　　　　　　　　　　　　　单位：元

部门		应付职工薪酬					各种代扣款项	实发工资
		基础工资	各种津贴	奖金	缺勤扣款	应发工资		
内胎车间	生产工人	16 000	2 000	4 980	180	22 800	1 200	21 600
	车间管理人员	4 500	1 000	1 440	100	6 840	360	6 480
辅助生产车间	动力车间	5 300	500	1 040		6 840	360	6 480
	供水车间	4 000	300	716		5 016	264	4 752
行政管理部门		12 000		4 220	260	15 960	840	15 120
合计		41 800	3 800	12 396	540	57 456	3 024	54 432

表 1-1-13　社会保险费及住房公积金计提表

201×年2月　　　　　　　　　　　　　　　　　　　　　　　　　　　单位：元

部门		计提基数	养老保险	医疗保险	失业保险	工伤保险	住房公积金	合计
内胎车间	生产工人	18 000	3 420	1 620	270.0	270.0	1 440	7 020
	车间管理人员	4 700	893	423	70.5	70.5	376	1 833
辅助生产车间	动力车间	5 500	1 045	495	82.5	82.5	440	2 145
	供水车间	4 200	798	378	63.0	63.0	336	1 638
行政管理部门		14 000	2 660	1 260	210.0	210.0	1 120	5 460
合计		46 400	8 816	4 176	696.0	696.0	3 712	18 096

表 1-1-14　工会经费、职工教育经费计提表

201×年2月　　　　　　　　　　　　　　　　　　　　　　　　　　　单位：元

部门		工资总额	工会经费	职工教育经费	合计
内胎车间	生产工人	22 800	456.00	684.00	1 140.00
	车间管理人员	6 840	136.80	205.20	342.00
辅助生产车间	动力车间	6 840	136.80	205.20	342.00
	供水车间	5 016	100.32	150.48	250.80
行政管理部门		15 960	319.20	478.80	798.00
合计		57 456	1 149.12	1 723.68	2 872.80

（8）折旧费用。

201×年2月初固定资产原值资料如表1-1-15所示。该公司计提固定资产折旧采用分类折旧率，房屋建筑物月折旧率为0.2%，机器设备月折旧率为0.8%。

表 1-1-15　固定资产原值明细表

201×年2月　　　　　　　　　　　　　　　　　　　　　　　　　　　　　　单位:元

部门	房屋建筑物	机器设备
内胎车间	260 000	85 500
动力车间	150 000	29 300
供水车间	150 000	36 650
行政管理部门	300 000	46 000
合计	860 000	197 450

(9) 其他费用。

该月该公司用银行存款支付的其他费用如表1-1-16所示。

表 1-1-16　其他费用资料

201×年2月　　　　　　　　　　　　　　　　　　　　　　　　　　　　　　单位:元

部门	办公费	水费	差旅费	业务招待费	邮电费	其他	合计
内胎车间	620	300				160	1 080
动力车间	240	200				100	540
供水车间	190	200					390
行政管理部门	340	150	1 000	2 000	300	50	3 840
合计	1 390	850	1 000	2 000	300	310	5 850

(10) 辅助生产费用。

辅助生产车间提供的劳务情况如表1-1-17、表1-1-18所示。

表 1-1-17　劳务供应通知单(一)

车间名称:动力车间　　　　　　201×年2月

部门	内胎车间		供水车间	行政管理部门	合计
	产品耗用	车间照明			
受益数量/度	11 000	200	1 000	21 800	34 000

表 1-1-18　劳务供应通知单(二)

车间名称:供水车间　　　　　　201×年2月

部门	内胎车间	动力车间	行政管理部门	合计
受益数量/吨	400	100	600	1 100

请思考:

(1) 根据该公司概况,分析该公司生产经营过程主要包括哪些环节。

(2) 该公司201×年2月份行政管理部门的耗水量和用电量都很大,合理吗?

◇小贴示

> 基本生产是指为完成企业主要生产目的而进行的产品生产。从事基本生产的车间称为基本生产车间。
>
> 辅助生产是指为基本生产和行政管理部门等服务而进行的产品生产或劳务供应。其中,产品生产主要包括工具生产、模具生产、修理用备件生产等,劳务供应一般包括供电、供水、供气、修理、运输等。辅助生产部门在进行产品生产和劳务供应时所发生的各种费用就是辅助生产费用。从事辅助生产的车间称为辅助生产车间。

项目1.2 认知成本和成本会计

【温馨提示】

一瓶矿泉水成本几何?成本中都包含了哪些内容?带着这两个问题,我们将开启成本核算之旅!

【学习目标】

通过对本项目的学习,你应该:
1. 知道成本的含义、费用的分类;
2. 明确成本会计核算的主要内容和成本会计的岗位职责。

【引导案例】

张英和李翔同学在王老师安排的讨论课上,为一个案例中的支出、费用和生产成本争论得面红耳赤。张英同学认为案例中该公司201×年8月份的总支出额为1 069.2万元、费用为509.2万元、生产成本为420万元。李翔同学认为张英同学的答案不对。以下是该案例的详细资料。

中贸公司201×年8月份:购买了一台设备支出50万元,该设备预计使用10年,预计期满无残值;支付公司行政管理人员工资薪酬34.2万元;支付公司办公费用10万元;支付本月生产车间人员工资薪酬110万元;支付广告费50万元、销售产品差旅费5万元;交行政罚款10万元;购进材料500万元,生产领用材料300万元。

根据上述资料请回答:你认为张英同学给出的答案对吗?为什么?正确答案应为多少?

1.2.1 什么是成本

成本是指特定的会计主体为了实现一定目的而支付或应支付的可以用货币计量的代价。本书中的成本是指产品成本(狭义的成本),即企业为生产一定种类、一定数量的产品而发生的各项生产费用的总和。

制造业在生产经营过程中的资金耗费,有的直接发生于产品的制造过程,直接与产品的生产相联系,有的间接用于产品生产,它们都属于生产费用,最终会构成产品成本。还有些耗费与产品生产没有直接的关联关系,如用于企业组织经营管理的管理费用、用于产品销售的销售费用以及用于筹集企业生产经营所需要资金的财务费用,它们都是为了取得某一会计期间的收入而发生的,应当作为期间费用计入当期损益。

1993年会计制度改革以后,我国的成本核算采用制造成本法。制造成本法是指企业在计算产品成本时,只将与产品制造有直接联系的费用计入成本核算对象,不把企业管理费用等耗费向成本核算对象分配的方法。按照制造成本法,需要将企业的生产经营费用划分为生产费用和期间费用两部分,将生产费用(包括直接材料、燃料和动力、直接人工、制造费用等)计入产品成本,将期间费用(销售费用、管理费用、财务费用)计入当期损益。

产品成本是企业制定产品价格的基础,一般具有以下四个特征。

(1) 是原材料、固定资产、职工薪酬等经济资源的耗费。

(2) 是以货币计量的耗费,无法用货币计量的耗费不能作为产品成本。

(3) 是特定对象的耗费,是转嫁到一定产出物的耗费。

(4) 是正常生产经营活动的耗费。

1.2.2 成本开支范围

按现行制度规定,制造业应列入成本开支范围的内容如下。

(1) 为制造产品而消耗的各种原材料、辅助材料、修理用备件、外购半成品、燃料、动力、包装物、低值易耗品的价值和运输、装卸等费用。

(2) 生产用固定资产的折旧、租赁费用(不包括融资租赁费)。

(3) 企业生产部门应支付的职工薪酬。

(4) 企业生产部门因生产原因发生的废品损失以及季节性、修理期间的停工损失。

(5) 企业生产部门为管理和组织生产而支付的办公费、差旅费、会议费、取暖费、设计制图费、试验检验费、劳动保护费等。

1.2.3 费用及其分类

费用是指企业在销售产品、提供劳务等日常活动中所发生的经济利益的流出。企业在生产经营过程中发生的耗费是多种多样的,为了科学地进行成本管理,需要对费用进行合理的分类。费用可以按不同的标准分类。费用最基本的分类是按经济内容分类和按经济用途分类。

1. 按经济内容分类(要素费用)

按经济内容,费用可以分为以下几类。

(1) 外购材料。

外购材料是指企业为进行生产经营而耗用的一切从外单位购进的原料及主要材料、半成品、辅助材料、包装物、修理用备件和低值易耗品等。

(2) 外购燃料。

外购燃料是指企业为进行生产经营而耗用的一切从外单位购进的各种固体、液体和气体燃料。

(3) 外购动力。

外购动力是指企业为进行生产经营而耗用的一切从外单位购进的各种动力,包括热力、电力和蒸汽等。

(4) 职工薪酬。

职工薪酬是指企业发生的应计入生产费用或期间费用的与劳务有关的各项支出。

(5) 折旧费。

折旧费是指企业按照规定计提的固定资产折旧费用。

(6) 利息费用。

利息费用是指企业计入财务费用的借款利息支出减利息收入后的净额。

(7) 其他支出。

其他支出是指企业发生的不属于以上各要素费用而应计入产品成本或期间费用的支出,如差旅费、租赁费、外部加工费、保险费等。

◇ 小贴示

> 费用按经济内容进行分类核算,可以反映制造业在一定时期内发生了哪些费用、数额是多少。

2. 按经济用途分类

按经济用途,费用可以分为计入产品成本的生产费用和直接计入当期损益的期间费用,如图 1-2-1 所示。

图 1-2-1　费用按经济用途分类

(1) 生产费用。

计入产品成本的各项生产费用,在生产过程中的用途不尽相同。为了具体反映生产费用的各种用途,还应将生产费用进一步划分为若干项目,即产品生产成本项目(简称产品成本项目或成本项目)。设置成本项目可以反映产品成本的构成情况,满足成本管理的目的和要求,有利于了解企业生产费用的经济用途,便于企业分析和考核产品成本的执行情况。

成本项目包括以下内容。

① 直接材料:直接用于产品生产、构成产品实体的主要材料以及有助于产品形成的辅助材料的费用,包括原材料、辅助材料、备品配件、外购半成品、包装物等费用。

② 直接人工:直接从事产品生产的工人的薪酬。

③ 燃料和动力:直接用于产品生产的外购和自制的燃料和动力。

④ 制造费用:企业生产部门为生产产品和提供劳务而发生的各项间接生产费用,包括企业生产部门(如生产车间、分厂)发生的水电费、固定资产折旧、管理人员的职工薪酬、劳动保护费、国家规定的有关环保费用、季节性和修理期间的停工损失费用等。

(2) 期间费用。

期间费用包括以下内容。

① 销售费用:企业为销售产品所发生的各项费用,包括专设的销售机构的各项费用。

②管理费用:企业为组织和管理企业生产经营所发生的各项费用。
③财务费用:企业为筹集生产经营所需资金而发生的各项费用,包括利息支出(减利息收入)、汇兑损失(减汇兑收益)以及相关的手续费等。

◇小贴示

> 成本项目是指将归集到成本核算对象的成本按照一定标准划分的反映成本构成的具体项目。产品生产成本项目一般包括直接材料、燃料和动力、直接人工、制造费用。企业根据管理的需要还可以增设废品损失、停工损失等成本项目。

1.2.4 费用界限的划分

企业在生产经营过程中会发生各种费用,产品成本的计算过程实际上就是对发生的费用进行归集和分配的过程,要保证成本计算的正确性,成本会计人员必须分清各种费用的界限。

(1) 正确划分生产费用与期间费用的界限。
(2) 正确划分各会计期间的费用界限。
(3) 正确划分各种产品的费用界限。
(4) 正确划分完工产品和在产品的费用界限。

◇小贴示

支出、费用、产品成本的关系

> (1) 支出泛指企业的一切开支及耗费。
> (2) 费用仅是企业在销售产品、提供劳务等日常活动中所发生的经济利益的流出,即企业在一定时期内在生产经营中发生的全部生产经营费用。费用中的生产费用是构成产品成本的基础,产品成本是对象化了的生产费用。
> (3) 费用着重于按会计期间进行归集,一般以生产过程中取得的各种原始凭证为计算依据;产品成本着重于按成本核算对象进行归集,一般以成本计算单或成本汇总表及产品入库单等为计算依据,不包括期间费用。

[课堂活动]

请根据所学的知识,解答本项目引导案例中的问题。

1.2.5 成本会计的职能

成本会计是会计学的一个分支,是以成本、费用为对象的一种专业会计。现代成本会计的职能包括成本预测、成本决策、成本控制、成本计划、成本核算、成本分析、成本考核等。其中成本核算是现代成本会计最基本的职能。成本核算主要包括确定成本核算对象、归集和分配生产费用、计算完工产品成本并进行相关账务处理等内容。

1.2.6 成本核算的基础工作

成本核算是指将企业在生产经营活动中实际发生的各种耗费按照确定的成本核算对象和

成本项目进行归集、分配,计算确定各成本核算对象的总成本、单位成本等,向有关使用者提供成本信息的成本管理活动。为了保证成本核算的正确性和提供真实可靠的成本信息,成本会计人员必须做好以下几项成本核算的基础工作。

(1) 产品定额的制定和修订。
(2) 材料物资的实物监管。
(3) 材料物资的原始记录。
(4) 企业内部计划价格的制定和修订。

1.2.7　成本会计岗位认知

1. 成本会计岗位的设置

设置成本会计岗位时,应根据企业规模和管理要求等在会计机构中设置成本科或成本核算组。小型企业可仅设置成本核算员,以负责企业的成本核算与管理。

2. 成本会计岗位的职责

(1) 按照国家法律、法规及公司财会制度和成本管理有关规定,负责拟定企业成本核算实施细则,并在上级批准后组织执行。
(2) 确定各类成本定额和标准,进行相关费用的归集和分配,按成本核算对象进行成本核算。
(3) 积极会同有关人员对企业重大项目、产品等制定成本预算、编制项目成本计划,提供有关的成本资料;核对当期的月度计划,对预算超支部门进行督察指导,确保成本、费用计划的实现。
(4) 负责编制成本、费用报表,进行成本费用的分析和考核,并提供相应信息资料。
(5) 做好相关成本资料的整理、归档工作。

3. 成本会计岗位的职业素养

(1) 较高的职业道德修养(严谨细致、诚实守信、爱岗敬业、能够独立思考、善于沟通和合作等)、较强的原则性和语言表达能力。
(2) 较强的学习能力和创新意识。
(3) 具有一定的职业敏感性和职业判断能力。
(4) 能全面、综合地分析问题,并写出相应的分析报告。
(5) 了解企业生产工艺流程,熟悉成本核算程序,有较强的应变能力。

◇小贴士

　　一个合格的成本会计人员应做到会核算、懂经营、善管理,即具备良好的职业道德及较扎实的业务知识和专业技能,了解企业生产经营各环节,熟悉企业生产特点和管理要求,做到算管结合、算为管用。

 知识巩固

一、单项选择题

1. 成本会计是会计学的一个分支,是以(　　)为对象的一种专业会计。

A. 企业　　　　　　B. 成本、费用　　　C. 奖金　　　　　　D. 事业单位

2. 制造业的产品成本是指（　　）。

A. 生产费用、销售费用、管理费用、财务费用之和

B. 为生产一定种类、一定数量的产品而发生的各项生产费用的总和

C. 为了实现一定目的而支付或应支付的可以用货币计量的全部代价

D. 生产费用和销售费用之和

3. 属于产品成本项目的是（　　）。

A. 管理费用　　　B. 直接材料　　　C. 外购材料　　　D. 折旧费

4. 下列各项中，不计入产品成本的耗费是（　　）。

A. 直接人工　　　　　　　　　　B. 车间管理人员的薪酬

C. 生产设备折旧　　　　　　　　D. 企业行政部门办公楼折旧

5. 直接人工成本是指（　　）。

A. 所有员工的薪酬　　　　　　　B. 生产工人的薪酬

C. 车间管理人员的薪酬　　　　　D. 企业行政管理人员的薪酬

二、多项选择题

1. 制造业的期间费用包括（　　）。

A. 制造费用　　　B. 财务费用　　　C. 管理费用　　　D. 销售费用

2. 下列中属于产品成本项目的有（　　）。

A. 直接材料　　　B. 直接人工　　　C. 制造费用　　　D. 燃料和动力

3. 不计入产品成本的耗费有（　　）。

A. 工人的工资　　B. 产品用动力　　C. 管理费用　　　D. 销售费用

4. 制造业生产经营过程中发生的下列（　　）支出应计入产品成本。

A. 直接材料　　　B. 直接人工　　　C. 管理费用　　　D. 制造费用

三、判断题

1. 制造业发生的各项费用都应计入产品成本。（　　）

2. 成本核算是成本会计的核心内容。（　　）

3. 凡不属于企业日常生产经营方面的支出，均不得计入产品成本或期间费用。（　　）

四、分析题

1. 某企业某月发生了下列支出。

(1) 以银行存款支付的车间劳动保护费 2 400 元。

(2) 车间管理人员工资 17 000 元。

(3) 车间一般性消耗材料 2 000 元。

(4) 车间固定资产折旧费 1 800 元。

(5) 行政管理部门固定资产折旧费 2 500 元。

(6) 广告费 600 元。

(7) 以银行存款支付的行政管理部门办公费、水电费、邮电费等共计 2 850 元。

(8) 罚款支出 1 000 元。

要求：分析上述资料中哪些支出可以计入产品成本，哪些属于期间费用。

2. 白云自行车厂专门生产、销售自行车，某月发生了下列支出。

(1) 生产用钢管 60 000 元、橡胶轮胎 10 000 元、油漆 1 000 元、其他配件 2 000 元。
(2) 生产用电 5 000 元、车间用电 2 000 元、行政管理部门用电 1 000 元。
(3) 生产工人薪酬 45 000 元、行政管理部门人员薪酬 12 000 元、车间管理人员薪酬 9 500元。
(4) 生产设备折旧 2 100 元、行政管理部门固定资产折旧 1 100 元。

张宏是到该厂财务科进行实习的会计专业大学生,科长要求他对上述费用进行分类,张宏分类的结果如下。

结果 1		结果 2		结果 3	
外购材料	73 000 元	生产费用	136 600 元	直接材料	73 000 元
外购动力	8 000 元	期间费用	14 100 元	直接人工	45 000 元
职工薪酬	66 500 元	合计	150 700 元	燃料和动力	5 000 元
折旧费	3 200 元			制造费用	13 600 元
合计	150 700 元			合计	136 600 元

请思考:怎么会出现三种结果?这到底是怎么回事儿呢?

项目 1.3 产品成本核算程序

温馨提示

成本核算是成本会计诸多职能中最核心的一个职能,如何进行成本核算呢?先让我们通过对本项目的学习,一起了解一下产品成本核算的基本程序和成本核算账户的开设吧!

学习目标

通过对本项目的学习,你应该:
1. 知道产品成本核算的基本程序;
2. 能根据企业生产经营的实际情况,进行成本核算的账户设置。

1.3.1 产品成本核算程序

产品成本核算程序是指按照成本核算的基本要求归集、分配生产费用,计算完工产品成本的整个工作过程。产品成本核算程序包括确定成本核算对象、设置成本项目、确定成本计算期、审核生产费用、归集和分配生产费用、计算完工产品成本和月末在产品成本。

1. 确定成本核算对象

成本核算对象是指归集和分配生产费用的具体对象,即生产费用的承担者。确定成本核算对象的目的在于明确生产费用的承担者,以便进行生产费用的归集和分配。因此,合理地确定成本核算对象是正确计算产品成本的首要问题。

成本核算对象的确定原则：适合企业的生产特点，满足企业成本管理的要求。对制造业而言，产品成本核算对象一般包括产品品种、产品批别、产品的生产步骤等。企业可以根据自身的生产特点和管理要求选择适合的产品成本核算对象。

2．设置成本项目

为了详细反映产品成本的构成，便于进行成本分析，我们按照生产费用按其经济用途的分类将产品成本划分为若干成本项目，即将产品成本划分为直接材料、燃料和动力、直接人工、制造费用等。

3．确定成本计算期

成本计算期是指每次计算产品成本的间隔期间，即间隔多长时间计算一次产品成本。它与会计报告期不尽相同。在大量大批生产情况下，由于生产连续不断地进行，每月都有完工产品，因而既不能在产品一生产出来就计算其成本，也不能等生产过程终止后计算产品成本。为了满足企业成本管理的需要，产品成本的计算是定期在每月月末进行的，即按月计算产品成本。在单件小批生产情况下，由于产品品种多、批量小，一批产品往往同时投产、同时完工，且生产周期较长，因此，产品成本的计算只能在某批某件产品完工后进行，成本计算期与产品生产周期一致，而与会计报告期不一致。

4．审核生产费用

企业应对各项开支进行审核和控制，对于已经发生的费用，应该按照《企业会计准则》和《企业产品成本核算制度（试行）》等的规定审核其开支范围，确定是否应计入产品的生产成本。

5．归集和分配生产费用

对审核无误的生产费用，按照费用发生的不同地点、用途及产品成本核算对象进行归集，编制各种费用分配表，并按其经济用途分别计入各个成本项目（在实际工作中，需要在开设的基本生产成本、辅助生产成本等明细账中进行登记）。

归集和分配的原则是：产品生产直接发生的生产费用直接作为产品成本的构成内容计入该产品成本；间接生产费用应先采用一定的方法按照一定的标准进行分配，然后分摊计入相关产品成本。

6．计算完工产品成本和月末在产品成本

（1）当产品全部未完工时，在成本计算期内所归集的生产费用归属为在产品的成本。

（2）当产品全部完工时，在成本计算期内所归集的生产费用就是完工产品成本。

（3）当产品部分完工、部分未完工时，需要采用适当的方法将生产费用在完工产品与在产品之间进行分配，计算出完工产品成本和在产品成本。

1.3.2　产品成本核算账户的设置

为了进行成本的核算，企业一般应设置生产成本、制造费用等账户，并开设相应的成本、费用明细账。

1．生产成本账户

生产成本账户属于成本类账户。生产成本账户用来核算企业进行工业性生产，包括生产各种产品（产成品、自制半成品）、自制材料、自制工具、自制设备等发生的各项生产成本。生产成本账户下设基本生产成本账户和辅助生产成本账户两个二级账户。根据成本核算的要求，企业可以将这两个二级账户设置成一级账户使用(本书采用此方法)。

(1) 基本生产成本账户。

基本生产成本账户是用来核算企业为完成主要生产目的而进行的产品生产所发生的各种生产费用。在基本生产成本账户下,借方登记企业为进行基本生产而发生的各种费用,如直接材料、直接人工等直接费用,以及通过制造费用账户归集的、在月末按一定标准分配转入的间接费用;贷方登记完工入库转出的产品成本;余额在借方,表示尚未加工完成的在产品成本。

(2) 辅助生产成本账户。

辅助生产成本账户是用来核算企业为基本生产和其他部门服务而进行产品生产和劳务供应所发生的各项费用。在辅助生产成本账户下,借方登记为进行辅助生产而发生的各种费用,贷方登记分配转出的劳务成本或完工入库的产品成本(模具、修理用备件等)。除生产产品外,辅助生产成本账户期末一般无余额。

2. 制造费用账户

制造费用账户属于成本类账户。该账户用来核算企业生产车间或分厂为生产产品和提供劳务而发生的各项间接费用。一般按生产车间名称设置明细账,账内根据需要设置费用项目进行明细核算。在制造费用账户下,借方登记实际发生的制造费用;贷方登记分配转出的制造费用;除季节性生产企业外,月末该账户经过结转后一般无余额。

◇ 小贴示

产品成品核算账户设置应明确以下问题。

(1) 基本生产成本明细账中的成本项目一般按最基本的四个成本项目设置,根据企业生产及管理的需要也可以增设其他的成本项目,如废品损失、停工损失等(注:2014年1月1日之前,最基本的成本项目仅包括直接材料、直接人工、制造费用三个)。

(2) 辅助生产成本明细账内如按成本项目分设专栏,可与基本生产成本明细账中的成本项目相同;如按费用项目分设专栏,可根据企业的实际情况填写发生的各项费用的名称。

(3) 制造费用明细账中分专栏设置的各费用项目是企业在产品生产过程中实际发生的各种间接费用,在设账时应根据业务的发生陆续填写。

(4) 设置费用项目时,应遵循重要性原则,企业不经常发生的或发生费用金额比较小的那些费用项目可合并在一起,列入其他项目名下进行核算。

1.3.3 费用的归集和分配

(1) 成本计算的过程实际上就是各项费用的归集和分配过程。费用的归集是指通过一定的方式进行费用数据的搜集和汇总。例如,制造费用是按车间归集的,所有间接生产费用,如间接材料、间接人工等,都归集在制造费用账户中。费用的分配是指将归集的费用分配给各受益对象的过程。

(2) 发生的材料、燃料和动力、职工薪酬等各项要素费用,应根据具体用途分别计入有关成本费用明细账中。其中:受益对象单独耗用的费用,应直接计入;共同发生的费用,应选择适当的方法,在各受益对象之间进行分配后计入。用于产品生产的直接生产费用,应计入产品成本明细账的有关成本项目中;间接生产费用先通过制造费用账户进行归集,期末再转入产品成本明细账。

(3) 分配标准是影响费用分配结果是否正确的重要因素。分配标准应当与被分配费用有比较密切的联系,且资料容易取得。常用的分配标准如下。

①成果类:如产品的质量、体积、产量、产值等。

②消耗类:如生产工时、生产工人的工资、机器工时、原材料耗用量等。

③定额类:如定额耗用量、定额费用、定额工时等。

(4) 费用分配公式如下。

$$某项费用分配率=\frac{待分配费用}{选用的分配标准之和}$$

某受益对象应负担的费用=该受益对象选用的分配标准×该项费用分配率

◇ 小贴示

(1) 成本核算应注意的问题:在成本核算过程中,应分清主次,区别对待;主要从细,次要从简;简而有理,细而有用。此外,在分配费用时应遵循受益原则(即谁受益谁负担、何时受益何时负担),负担费用的多少应与受益程度成正比,并且要科学合理地选择分配标准。

(2) 按照计入成本核算对象的方式不同,企业所发生的生产费用分为直接费用和间接费用。直接费用是指能明确由某一成本核算对象负担的费用。直接费用应当按照所对应的成本项目类别,直接计入成本核算对象。间接费用是指不能直接计入成本核算对象的费用。间接费用应当选择合理的分配标准分配计入各成本核算对象。

知识巩固

一、单项选择题

1. 下列不属于成本类账户的是(　　)。
A. 基本生产成本账户　　　　　　　B. 辅助生产成本账户
C. 管理费用账户　　　　　　　　　D. 制造费用账户

2. 下列不属于产品生产成本项目的是(　　)。
A. 直接材料　　　B. 直接人工　　　C. 管理费用　　　D. 制造费用

二、多项选择题

1. 下列属于成本类账户的有(　　)。
A. 基本生产成本账户　　　　　　　B. 辅助生产成本账户
C. 管理费用账户　　　　　　　　　D. 制造费用账户

2. 下列属于产品成本核算程序内容的有(　　)。
A. 确定成本核算对象　　　　　　　B. 设置成本项目
C. 确定成本计算期　　　　　　　　D. 归集和分配生产费用

三、判断题

1. 成本核算过程中应遵循受益原则,即谁受益谁负担,负担费用的多少与受益程度成正

比。（　　）

2. 企业根据生产和管理的需要,可以增设其他的成本项目,如废品损失、停工损失。（　　）

上岗一试

以模块1项目1.1中飞跃轮胎有限责任公司的资料为依据,为该公司开设产品成本核算的相关明细账,填写表1-3-1至表1-3-5。

表1-3-1 _____ 明细账

产品名称：

年		凭证编号	摘要						
月	日								

表1-3-2 _____ 明细账

产品名称：

年		凭证编号	摘要						
月	日								

续表

年		凭证编号	摘要					
月	日							

表 1-3-3 _____ 明细账

年		凭证编号	摘要					
月	日							

表 1-3-4 _____ 明细账

部门名称：

年		凭证编号	摘要					
月	日							

续表

年		凭证编号	摘要							
月	日									

表 1-3-5 _____ 明细账

部门名称：

年		凭证编号	摘要							
月	日									

模块 2 制造业成本核算的典型工作任务

项目 2.1 材料费用的归集和分配

温馨提示

材料构成产品实体,材料费用通常是产品成本的重要组成。对材料费用的归集和分配是成本会计中较为重要的基础性工作,对正确计算产品成本至关重要。让我们边学边做,动起来吧!

学习目标

通过对本项目的学习,你应该:
1. 知道材料费用构成的主要内容,明确材料费用核算的岗位职责;
2. 能正确归集发生的材料费用,会编制"发料凭证汇总表";
3. 能正确运用材料费用分配标准和方法,编制"材料费用分配表"分配材料费用;
4. 会编制材料费用分配的会计分录,并正确登记成本、费用明细账。

2.1.1 材料的分类

按在生产中的用途,材料可分为原料及主要材料、辅助材料、外购半成品、修理用备件、包装物、低值易耗品等。

对于材料,可设置原材料账户、周转材料账户等账户。

2.1.2 材料消耗的原始记录

材料消耗的原始记录有领料凭证(领料单、限额领料单、领料登记表)和退料单等。

2.1.3 假退料

在实际生产中,有时车间当月领用的材料月末没有用完并且下月还需继续使用,此时如退料再领必然会浪费人力,而不做退料手续,又会影响到产品成本的核算。在这种情况下,一般采用假退料的办法,即材料仍留在车间,只是在凭证传递上,需填制一张本月份的退料单,表示该项余料已经退库,同时再编制一张下月份的领料单,表示该项余料又作为下月份的材料出库。

2.1.4 材料费用的归集

材料费用应按照发生的不同地点和用途进行归集,如图 2-1-1 所示。

图 2-1-1 材料费用归集操作流程图

2.1.5 材料费用的分配

材料费用的分配如图 2-1-2 所示。

图 2-1-2 材料费用分配操作流程图

1. 分配原则

构成产品实体并能直接确定归属对象的材料费用,应直接计入各产品成本明细账的直接材料成本项目;对于几种产品共同耗费的材料费用,应选择适当的分配标准分配计入各产品成本明细账的直接材料成本项目。

2. 分配标准

材料费用常用的分配标准有定额耗用量、定额费用、产品产量、产品质量等。在实际工作中,材料费用分配常采用定额耗用量比例法和定额费用比例法。

(1) 定额耗用量比例法。

定额耗用量比例法是指以产品材料定额耗用量为标准分配材料费用的一种方法,适用于各种材料消耗定额比较健全而且相对准确的企业。定额耗用量比例法计算公式如下。

某产品材料定额耗用量=该产品实际产量×单位产品材料消耗定额

$$材料耗用量分配率=\frac{材料实际耗用总量}{各产品材料定额耗用量之和}$$

某产品应分配的材料数量=该产品材料定额耗用量×材料耗用量分配率

某产品应负担的材料费用=该产品应分配的材料数量×材料单价

定额耗用量比例法可考核材料消耗定额的执行情况,有利于加强原材料消耗的实物管理,但分配计算的工作量较大。为了简化核算工作,也可按原材料定额耗用量的比例直接分配材料费用,公式如下。

某产品材料定额耗用量=该产品实际产量×单位产品材料消耗定额

$$材料费用分配率=\frac{材料实际费用总额}{各产品材料定额耗用量之和}$$

某产品应分配的材料费用＝该产品材料定额耗用量×材料费用分配率

（2）定额费用比例法。

定额费用比例法是指以产品材料定额费用为标准分配材料费用的一种方法，适用多种产品共同消耗多种材料的企业。定额费用比例法计算公式如下。

某产品某种材料定额费用＝该产品产量×单位产品该种材料费用定额

$$材料费用分配率＝\frac{各种材料实际费用总额}{各产品材料定额费用之和}$$

某产品应分配的材料费用＝该产品材料定额费用×材料费用分配率

◇小贴示

> （1）材料消耗定额：在一定的生产技术和生产组织的条件下，生产单位产品可以消耗材料的数量。
> （2）材料定额耗用量：又称为定额消耗量，是指生产一定数量的产品，按事先核定的材料消耗定额计算确定的可以消耗材料的总量。
> （3）材料费用定额：在一定的生产技术和生产组织的条件下，生产单位产品可以消耗材料的费用金额。
> （4）材料定额费用：生产一定数量的产品，按事先核定的材料费用定额计算确定的可以消耗材料的费用总额。

3．"材料费用分配表"的编制及其账务处理

（1）在实际工作中，材料费用的分配是通过编制"材料费用分配表"进行的。

（2）账务处理：直接用于产品生产的各种原材料费用应直接记入基本生产成本总账及其所属明细账的直接材料成本项目；用于辅助生产的原材料费用应记入辅助生产成本总账及其所属明细账的费用（或成本）项目；基本生产车间一般性耗用的原材料费用应记入制造费用总账及其所属明细账；企业行政管理部门耗用的原材料费用应记入管理费用账户；产品销售耗用的原材料费用应记入销售费用账户。

几种产品共同消耗的材料需要按照材料费用分配标准分配计入有关账户中，如图 2-1-3 所示。

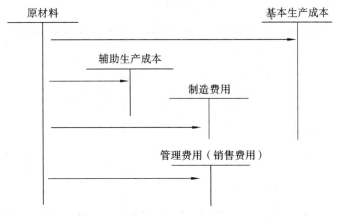

图 2-1-3　材料费用分配账户关系图

> 边学边做

1. 材料费用的归集

以模块 1 项目 1.1 中飞跃轮胎有限责任公司的资料为依据,根据领料单(见表 1-1-4 至表 1-1-10),编制表 2-1-1。

表 2-1-1　材料费用汇总表(一)
201×年 2 月

材料类别	材料名称	计量单位	单价	内胎车间				动力车间		供水车间		行政管理部门		合计	
				产品用		车间用									
				数量	金额	数量	金额	数量	金额	数量	金额	数量	金额	数量	金额
原料及主要材料	生胶	千克													
	填充剂	千克													
	硫化剂	千克													
	京光红	千克													
	嘴子	套													
辅料	机油	公升													
	汽油	公升													
燃料	煤	吨													
备件	低值品	个													
	水管	米													
包装物	包装纸箱	个													
合计															

注:为简化起见,燃料费用与材料费用分配在一张分配表上进行。

编制好的材料费用汇总表如表 2-1-2 所示。

表 2-1-2　材料费用汇总表(二)
201×年 2 月

材料类别	材料名称	计量单位	单价	内胎车间				动力车间		供水车间		行政管理部门		合计	
				产品用		车间用									
				数量	金额/元	数量	金额/元	数量	金额/元	数量	金额/元	数量	金额/元	数量	金额/元
原料及主要材料	生胶	千克	6元/千克	5 400	32 400									5 400	32 400
	填充剂	千克	4元/千克	4 500	18 000									4 500	18 000

续表

材料类别	材料名称	计量单位	单价	内胎车间 产品用		内胎车间 车间用		动力车间		供水车间		行政管理部门		合计	
				数量	金额/元	数量	金额/元	数量	金额/元	数量	金额/元	数量	金额/元	数量	金额/元
原料及主要材料	硫化剂	千克	5元/千克	630	3 150									630	3 150
	京光红	千克	15元/千克	270	4 050									270	4 050
	嘴子	套	0.5元/套	9 000	4 500									9 000	4 500
辅料	机油	公升	20元/公升			4	80	4	80	4	80			12	240
	汽油	公升	3.5元/公升									200	700	200	700
燃料	煤	吨	1 400元/吨					10	14 000					10	14 000
备件	低值品	个	40元/个					5	200	10	400			15	600
	水管	米	20元/米							30	600			30	600
包装物	包装纸箱	个	2元/个	300	600									300	600
合计/元	—	—	—		62 700		80		14 280		1 080		700	—	78 840

请思考：

已编制完成的表2-1-2,是否能反映生产自行车内胎和摩托车内胎各自耗用了多少材料？你认为内胎车间产品耗用的材料应如何在这两种产品间进行分配？

2. 材料费用的分配

（1）工作情境1。

某企业某月生产A产品25台、B产品40台、C产品50台,A、B、C产品共同耗用甲材料3 672千克,甲材料单价为5元/千克(假设单件A、B、C产品耗用的材料量相近)。

请思考：

在上述情境中,应以什么作为标准分配原材料费用？为什么？具体如何分配原材料费用？

（2）工作情境2。

某企业某月生产A产品25台、B产品40台、C产品50台,A、B、C产品共同耗用甲材料3 672千克,甲材料单价为5元/千克。A产品的材料消耗定额为60千克/台,B产品的材料消耗定额为 40 千克/台,C 产品的材料消耗定额为 10 千克/台。

请思考：

①情境 2 的情况和情境 1 的情况有什么不同？

②在情境 2 中,采用产品产量作为分配标准合理吗？为什么？

③在情境 2 中,以何标准分配甲材料费用更为合理？

(3) 工作情境 3。

某企业生产甲、乙两种产品,共同领用 A、B 两种主要材料,费用共计 37 620 元。该企业某月投产甲产品 150 件、乙产品 120 件。甲产品材料消耗定额为 A 材料 6 千克/件、B 材料 8 千克/件,乙产品材料消耗定额为 A 材料 9 千克/件、B 材料 5 千克/件。A 材料单价为 10 元/千克,B 材料单价为 8 元/千克。

请思考：

①情境 3 的情况和情境 2 的情况有什么不同？

②情境 3 应选择什么标准将甲、乙产品共同消耗的 A、B 材料进行合理的分配？

(4) 工作情境 4。

某厂 9 月份共耗用原材料乙 67 560 元。已知生产 A、B 两种产品耗用 61 360 元,企业行政管理部门耗用 2 700 元,生产车间一般性耗用 3 500 元,A、B 两产品的产量分别为 500 件、400 件,A、B 两产品的材料消耗定额分别为 1.4 千克/件、1.2 千克/件。

请思考：

①情境 4 的情况和情境 1、情境 2、情境 3 的情况有什么不同？

②情境 4 中有待于在 A、B 两产品间进行分配的材料费用是多少？

③A、B 两产品各自耗用的材料费用是多少？

◇ 小贴示

> 材料费用分配就是要将归集的材料费用计入各个受益对象的成本费用之中。在分配过程中,能分清受益对象的材料费用直接计入；由多个受益对象共同耗用的材料费用,应选择适当的标准分配后计入。

案例

1. A 企业生产甲、乙两种产品,甲、乙产品共同耗用甲材料 1 200 千克,甲材料单价为 3 元/千克。甲产品的实际产量为 140 件,产品材料消耗定额为 4 千克/件；乙产品的实际产量为 80 件,产品材料消耗定额为 5.5 千克/件。请采用定额耗用量比例法计算甲、乙产品各自应负担的材料费用的金额。

【解析】

方法 1：

甲产品材料定额耗用量＝140 件×4 千克/件＝560 千克

乙产品材料定额耗用量＝80 件×5.5 千克/件＝440 千克

$$材料耗用量分配率 = \frac{1\ 200\ 千克}{560\ 千克 + 440\ 千克} = 1.2\ 千克/千克$$

甲产品应分配的材料数量＝560 千克×1.2 千克/千克＝672 千克

乙产品应分配的材料数量＝440 千克×1.2 千克/千克＝528 千克

甲产品应负担的材料费用＝672 千克×3 元/千克＝2 016 元

乙产品应负担的材料费用＝528 千克×3 元/千克＝1 584 元

方法 2：

甲产品材料定额耗用量＝140 件×4 千克/件＝560 千克

乙产品材料定额耗用量＝80 件×5.5 千克/件＝440 千克

$$材料费用分配率＝\frac{1\,200\,千克×3\,元/千克}{560\,千克＋440\,千克}＝3.6\,元/千克$$

甲产品应负担的材料费用＝560 千克×3.6 元/千克＝2 016 元

乙产品应负担的材料费用＝440 千克×3.6 元/千克＝1 584 元

2. 请以上述案例 1 的资料为例，采用定额费用比例法计算甲、乙产品各自应负担的材料费用的金额。

【解析】

甲产品材料定额费用＝140 件×4 千克/件×3 元/千克＝1 680 元

乙产品材料定额费用＝80 件×5.5 千克/件×3 元/千克＝1 320 元

$$材料费用分配率＝\frac{1\,200\,千克×3\,元/千克}{1\,680\,元＋1\,320\,元}＝1.2\,元/元$$

甲产品应负担的材料费用＝1 680 元×1.2 元/元＝2 016 元

乙产品应负担的材料费用＝1 320 元×1.2 元/元＝1 584 元

3. B 企业 201×年 5 月份耗用 H 材料共 60 150 元，其中：生产甲、乙两种产品耗用 60 000 元，甲、乙产品产量分别为 200 件、100 件，消耗定额分别为 100 千克/件、200 千克/件；企业管理部门耗用 50 元；基本生产车间一般性耗用 100 元。请编制该企业 201×年 5 月份的"材料费用分配表"（见表 2-1-3）。

表 2-1-3 材料费用分配表（一）

201×年 5 月 31 日　　　　　　　　　　　　　　　　　　　　　　金额单位：元

会计科目	明细科目	成本或费用项目	直接计入费用	分配计入费用					费用合计
				产量/件	消耗定额/(千克/件)	定额耗用量/千克	分配率/(元/千克)	分配费用	
		小计							
		合计							

【解析】

编制好的"材料费用分配表"如表 2-1-4 所示。

表 2-1-4　材料费用分配表(二)

201×年 5 月 31 日　　　　　　　　　　　　　　　　　　金额单位:元

会计科目	明细科目	成本或费用项目	直接计入费用	分配计入费用					费用合计
				产量/件	消耗定额/(千克/件)	定额耗用量/千克	分配率/(元/千克)	分配费用	
基本生产成本	甲产品	直接材料		200	100	20 000		30 000	30 000
	乙产品	直接材料		100	200	20 000		30 000	30 000
	小计			—	—	40 000	1.5	60 000	60 000
制造费用	基本生产车间	材料费	100						100
管理费用		材料费	50						50
合计			150	—	—		—	60 000	60 150

根据"材料费用分配表"编写如下会计分录：

　　借：基本生产成本——甲产品　　　　　　　　　30 000
　　　　　　　　　　　——乙产品　　　　　　　　　30 000
　　　　制造费用——基本生产车间　　　　　　　　100
　　　　管理费用——材料费　　　　　　　　　　　50
　　　　贷：原材料——H 材料　　　　　　　　　　　　　60 150

◇小贴示

　　(1) 产品的生产成本分为直接费用(如直接材料、直接人工、燃料和动力等)和间接费用(如制造费用)。

　　(2) 在直接费用中,有些是直接计入费用,有些是间接计入费用。

　　直接计入费用是指根据原始凭证即可确认归属于具体产品的生产耗费,如分产品领用的材料、耗用的燃料和动力、采用计件工资计算的职工薪酬等。直接计入费用可以根据相关原始凭证直接计入相应产品成本的直接材料、燃料和动力、直接人工等项目。

　　间接计入费用是指无法根据原始凭证确认归属于具体产品的生产耗费,如几种产品共同耗用的材料、燃料和动力、采用计时工资计算的职工薪酬等。间接计入费用不能直接计入产品成本中,需要采用适当的分配方法,分配后计入各相关产品成本的直接材料、燃料和动力、直接人工等项目中。

◆上岗一试

以模块 1 项目 1.1 中飞跃轮胎有限责任公司的资料为依据,完成以下工作任务。
(1) 根据编制完成的表 2-1-2,编制表 2-1-5。
(2) 编制相应的会计分录。

(3) 登记明细账(见表 1-3-1 至表 1-3-5)。

(4) 分配率保留 4 位小数,分配金额保留 2 位小数,尾差挤入摩托车内胎,每 30 个内胎装 1 个包装箱,采用产量比例分配包装材料费用。

业务指导如下。

已编制完成的表 2-1-2 只能反映内胎车间、动力车间、行政管理部门各自耗用材料的金额,至于内胎车间生产的两种产品(自行车内胎、摩托车内胎)各自耗用了多少材料费用,尚不能确定。因此,应编制表 2-1-5,将内胎车间耗用的各种材料在自行车内胎、摩托车内胎两产品之间做出合理的分配。

表 2-1-5 材料费用分配表(内胎车间)

201×年 2 月

材料名称	分配对象	分配记录				
		消耗定额	产量	定额耗用量	分配率	分配金额
生胶	自行车内胎					
	摩托车内胎					
	小计					
填充剂	自行车内胎					
	摩托车内胎					
	小计					
硫化剂	自行车内胎					
	摩托车内胎					
	小计					
京光红	自行车内胎					
	摩托车内胎					
	小计					
嘴子	自行车内胎					
	摩托车内胎					
	小计					
包装纸箱	自行车内胎					
	摩托车内胎					
	小计					
	自行车内胎					
	摩托车内胎					
	合计					

知识巩固

一、单项选择题

1. 直接用于产品生产的材料,应直接计入或分配计入（　　）账户。
   A. 基本生产成本　　　　　　　　B. 财务费用
   C. 管理费用　　　　　　　　　　D. 制造费用

2. 下列各项中,不应计入产品成本的费用是（　　）。
   A. 直接材料费　　　　　　　　　B. 生产车间管理人员工资
   C. 车间机器折旧费　　　　　　　D. 行政管理部门办公楼折旧费

3. 用来核算企业为生产产品而发生的各项间接生产费用的账户是（　　）。
   A. 基本生产成本账户　　　　　　B. 制造费用账户
   C. 管理费用账户　　　　　　　　D. 财务费用账户

4. 基本生产车间一般性材料消耗应借记的账户是（　　）。
   A. 基本生产成本账户　　　　　　B. 制造费用账户
   C. 燃料和动力账户　　　　　　　D. 管理费用账户

5. 基本生产车间领用的直接用于产品生产、有助于产品形成的辅助材料,应借记的账户是（　　）。
   A. 辅助生产成本账户　　　　　　B. 制造费用账户
   C. 原材料账户　　　　　　　　　D. 基本生产成本账户

二、多项选择题

1. 企业生产过程中领用的各种材料,应按用途进行归集。产品耗用、车间一般性耗用、行政管理部门耗用的材料应分别计入（　　）。
   A. 基本生产成本账户　　　　　　B. 制造费用账户
   C. 管理费用账户　　　　　　　　D. 财务费用账户

2. 对于几种产品共同耗费的原材料费用,常用的两种分配方法是（　　）。
   A. 定额耗用量比例法　　　　　　B. 定额费用比例法
   C. 产品体积　　　　　　　　　　D. 产品工时定额

3. 发生下列费用时,可以直接借记基本生产成本账户的有（　　）。
   A. 车间照明用电费　　　　　　　B. 构成产品实体的材料费用
   C. 车间管理人员工资　　　　　　D. 车间生产人员工资

4. 计入产品成本的各种材料费用,按用途分配,应当通过（　　）核算。
   A. 基本生产成本账户　　　　　　B. 管理费用账户
   C. 制造费用账户　　　　　　　　D. 销售费用账户

5. 基本生产车间耗用的材料应通过（　　）成本项目进行核算。
   A. 直接材料　　　　　　　　　　B. 制造费用
   C. 直接人工　　　　　　　　　　D. 燃料和动力

6. 分配材料费用,贷记原材料账户时,对应的借方账户可能有（　　）。
   A. 基本生产成本账户　　　　　　B. 制造费用账户

C. 辅助生产成本账户　　　　　　　　D. 管理费用账户

三、判断题

1. 企业生产经营过程中发生的材料费用都是企业的生产费用，构成产品的成本。（　　）
2. 基本生产车间某月生产甲产品领用 A 材料 10 000 元，由于改变生产计划，该月仅使用 A 材料 7 000 元，则剩余未用的材料 3 000 元也应属甲产品的产品成本。（　　）
3. 基本生产车间发生的各项间接生产费用均应直接记入基本生产成本账户。（　　）

四、计算题

1. 甲企业生产 A、B 两种产品，某月共领用甲材料 1 000 千克，甲材料单价为 20 元/千克。该月投产 A 产品 400 件、B 产品 300 件，A 产品的材料消耗定额为 50 千克/件，B 产品的材料消耗定额为 20 千克/件。此外，基本生产车间领用乙材料 200 元，乙材料用于一般性消耗。

要求：

(1) 采用定额耗用量比例法分配 A、B 两种产品应负担的材料费用。

(2) 编制该企业"材料费用分配表"（见表 2-1-6），编写会计分录。

表 2-1-6　材料费用分配表（三）　　　　　　　　金额单位：元

会计科目	明细科目	直接计入费用	分配计入费用					费用合计
			产量/件	消耗定额/（千克/件）	定额耗用量/千克	分配率/（元/千克）	分配费用	
基本生产成本	A 产品							
	B 产品							
	小计							
制造费用	基本生产车间							
合计								

2. 乙企业生产甲、乙两种产品，某月甲、乙产品共耗用 C 材料 3 088 元，该月投产甲产品 22 件、乙产品 128 件，材料费用定额为甲产品 12 元/件、乙产品 10 元/件。

要求：

(1) 采用定额费用比例法分配甲、乙产品各自耗用的原材料费用；

(2) 编写分配材料费用的会计分录。

3. 丙企业基本生产车间生产 A1、A2 产品共领用材料 3 024 千克，材料单价为 50 元/千克，A1、A2 产品的产量分别为 80 件、100 件。A1 产品的材料消耗定额为 20 千克/件，A2 产品的材料消耗定额为 12 千克/件；生产 A1 产品直接领用材料 23 000 元，生产 A2 产品直接领用材料 36 000 元，辅助车间（机修）领用材料 530 元，基本生产车间一般性耗用材料 280 元，行政管理部门领用材料 200 元。

要求：

(1) 编制"材料费用分配表"（见表 2-1-7）；

(2) 编写分配材料费用的会计分录。

表 2-1-7 材料费用分配表（四）　　　　　　　　　　　　　　　　　　金额单位：元

应借科目		成本或费用项目	直接计入费用	分配计入费用					费用合计
				产量/件	消耗定额/(千克/件)	定额耗用量/千克	分配率/(元/千克)	分配费用	
基本生产成本	A1产品	直接材料							
	A2产品	直接材料							
		小计							
辅助生产成本	机修车间	材料费							
制造费用	基本生产车间	材料费							
管理费用		材料费							
合计									

拓展训练

张峰201×年6月从财经大学毕业，应聘到永生设备制造厂从事会计工作。该厂201×年9月份开始生产甲、乙、丙三种新产品，生产甲、乙、丙三种新产品耗用A材料资料如表2-1-8所示。本厂以前采用产品产量比例法对材料费用进行分配。已知201×年9月份共耗用A材料300 000千克，A材料单价为9元/千克。

表 2-1-8　耗用材料情况表

201×年9月

产品名称	产量/件	材料消耗定额/(千克/件)	材料单价/(元/千克)	材料费用定额/(元/件)
甲产品	100	200		1 800
乙产品	300	150		1 350
丙产品	500	370		3 330
合计	—	—	9	—

本厂财务部王经理在向张峰介绍了企业生产产品使用的材料以及材料定额等情况后,提出如下问题,请张峰在调查后回答。

(1) 本厂目前采用的材料费用分配方法是否合适?

(2) 201×年9月开始生产的新产品应采用什么方法分配材料费用?

请思考:假如你是张峰,应如何回答王经理提出的上述问题?

项目2.2　燃料和动力费用的归集和分配

温馨提示

在企业的生产经营过程中,除了材料的消耗外,还要耗用燃料和动力费用。燃料和动力费用也是产品成本不可或缺的一部分。燃料和动力费用的分配程序、方法与材料费用基本相同,让我们一起来看看吧!

学习目标

通过对本项目的学习,你应该:

1. 会编制"燃料和动力费用分配表";
2. 能正确编写燃料和动力费用分配的会计分录及登记成本费用明细账。

(1) 燃料和动力费用分配的思路与材料费用分配的思路基本相同。

(2) 为了单独核算燃料和动力费用占产品成本的比重,基本生产成本明细账中应单独设置燃料和动力成本项目,存货核算应增设燃料账户。

(3) 外购燃料是指企业为进行生产经营而耗用的一切从外单位购进的各种固体、液体和气体燃料等,如煤、焦炭、石油、汽油、液化气、天然气等。在实际工作中,外购燃料费用的分配通过编制"燃料费用分配表"完成。

(4) 外购动力是指企业为进行生产经营而耗用的一切从外单位购进的各种动力,包括热力、电力等。本企业自产的动力不包括在外购动力内,自制动力的核算将在辅助生产费用的归集和分配中介绍。在实际工作中,外购动力费用的分配通过编制"动力费用分配表"完成。

(5) 在工作中,分配燃料费用和动力费用时,也可二者合并在一起,编制"燃料和动力费用分配表。"

案例

1. 201×年3月,C企业生产甲、乙产品共耗用燃料18 600元,燃料按甲、乙产品的产量比例分配(甲产品360件、乙产品240件)。另外,该月供热车间耗用燃料16 400元,请编制"燃料费用分配表"(见表2-2-1),并编写相关会计分录。

表 2-2-1 燃料费用分配表(一)

201×年 3 月　　　　　　　　　　　　　　　　　　　　　　　　　金额单位:元

应借科目		成本或费用项目	直接计入费用	分配计入费用			费用合计
总账科目	明细科目			产量/件	分配率/(元/件)	分配额	
合计							

【解析】

编制好的"燃料费用分配表"如表 2-2-2 所示。

表 2-2-2 燃料费用分配表(二)

201×年 3 月　　　　　　　　　　　　　　　　　　　　　　　　　金额单位:元

应借科目		成本或费用项目	直接计入费用	分配计入费用			费用合计
总账科目	明细科目			产量/件	分配率/(元/件)	分配额	
基本生产成本	甲产品	燃料和动力		360		11 160	11 160
	乙产品	燃料和动力		240		7 440	7 440
	小计	—		600	31	18 600	18 600
辅助生产成本	供热车间	燃料费	16 400				16 400
合计			16 400			18 600	35 000

会计分录：

　　　　借:基本生产成本——甲产品　　　　　　　　11 160
　　　　　　　　　　　　——乙产品　　　　　　　　 7 440
　　　　　　辅助生产成本——供热车间　　　　　　 16 400
　　　　　贷:燃料　　　　　　　　　　　　　　　　35 000

2. 201×年 3 月,C 企业各部门用电清单如表 2-2-3 所示。请根据审核后的"部门用电清单",编制"外购动力费用分配表"(见表 2-2-4)。

表 2-2-3 部门用电清单

201×年 3 月

用电部门	用途	用电量/(千瓦·时)	单价/(元/(千瓦·时))	电费金额/元
基本生产车间	生产甲、乙产品用	27 600		22 080
	照明与办公	3 750		3 000
供水车间	车间用	2 700		2 160

续表

用电部门	用途	用电量/(千瓦·时)	单价/(元/(千瓦·时))	电费金额/元
机修车间	车间用	1 300		1 040
行政管理部门	办公用	3 000		2 400
合计		38 350	0.8	30 680

表2-2-4　外购动力费用分配表(一)

201×年3月

应借科目		成本或费用项目	直接计入费用/元	分配计入费用			费用合计/元
总账科目	明细科目			生产工时/时	分配率/(元/时)	分配金额/元	
基本生产成本				12 000			
				6 400			
	小计						
辅助生产成本	供水车间						
	机修车间						
制造费用	基本生产车间						
管理费用							
合计							

【解析】

编制好的"外购动力费用分配表"如表2-2-5所示。

表2-2-5　外购动力费用分配表(二)

201×年3月

应借科目		成本或费用项目	直接计入费用/元	分配计入费用			费用合计/元
总账科目	明细科目			生产工时/时	分配率/(元/时)	分配金额/元	
基本生产成本	甲产品	燃料和动力		12 000		14 400	14 400
	乙产品	燃料和动力		6 400		7 680	7 680
	小计			18 400	1.2	22 080	22 080
辅助生产成本	供水车间	电费	2 160				2 160
	机修车间	电费	1 040				1 040
制造费用	基本生产车间	水电费	3 000				3 000
管理费用		水电费	2 400				2 400
合计/元			8 600			22 080	30 680

会计分录：

借：基本生产成本——甲产品　　　　　　　　　　14 400

	——乙产品	7 680
辅助生产成本	——供水车间	2 160
	——机修车间	1 040
制造费用	——基本生产车间	3 000
管理费用		2 400
贷：银行存款		30 680

◇ 小贴示

（1）分配外购动力费用时，有仪表的根据仪表所示耗用数量和单价计算；无仪表的可按生产工时比例等标准进行分配，并按用途的不同，计入相应的成本账户。

（2）燃料和动力费用的归集和分配同材料费用非常相似，本项目的学习是对项目2.1的巩固和提高。

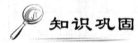

知识巩固

一、单项选择题

1. 企业直接用于产品生产的燃料，应借记的账户是（   ）。

A. 制造费用账户　　　　　　　B. 基本生产成本账户

C. 燃料账户　　　　　　　　　D. 原材料账户

2. 企业直接用于产品生产的燃料，应通过（   ）成本项目进行核算。

A. 直接材料　　　B. 制造费用　　　C. 直接人工　　　D. 燃料和动力

二、计算题

1. 企业生产 A11 和 A12 两种产品，共同耗用燃料 12 000 元，A11、A12 两产品的燃料定额耗用量分别为 300 千克和 200 千克。

要求：计算两种产品各自应负担的燃料费用并编写会计分录。

2. 某企业耗电情况如下：基本生产车间产品用电 8 000 度、照明用电 600 度；辅助车间用电 2 000 度；行政管理部门用电 1 500 度。每度电 1.8 元。基本生产车间生产 A11 和 A12 两种产品，生产工时分别为 1 500 时和 2 500 时（电费已通过银行存款支付）。

要求：编制"外购动力费用分配表"（见表2-2-6），并编写会计分录。

表2-2-6　外购动力费用分配表（三）

应借科目	成本或费用项目	费用分配			
		生产工时/时	分配率/(度/时)	分配电量/度	电费单价/(元/度)	分配金额/元
基本生产成本	A11产品	燃料和动力				
	A12产品	燃料和动力				
	小计					

续表

应借科目	成本或费用项目	费用分配				
^	^	生产工时/时	分配率/(度/时)	分配电量/度	电费单价/(元/度)	分配金额/元
辅助生产成本	电费					
制造费用	基本生产车间 电费					
管理费用	电费					
合计						

上岗一试

以模块1项目1.1中飞跃轮胎有限责任公司资料中的表1-1-11为依据，完成以下工作任务。

（1）编制支付外购动力费的会计分录（注：为了简化核算，外购动力费用先计入"辅助生产成本——动力车间"，月末随同动力车间费用一同分配）。

（2）登记明细账（见表1-3-3）。

项目2.3　职工薪酬费用的归集和分配

温馨提示

职工薪酬也是企业成本、费用的重要组成部分。职工薪酬的构成内容多、经常性发生且计算较烦琐，对它的归集和分配是一项技术性很强的工作，让我们边学边做，动起来吧！

学习目标

通过对本项目的学习，你应该：

1. 知道职工薪酬和工资总额的构成内容；
2. 会计算计时工资、计件工资和加班工资；
3. 能正确归集发生的职工薪酬费用，能运用适当的方法编制"职工薪酬费用分配表"分配职工薪酬费用；
4. 会编写分配职工薪酬费用的会计分录并正确登记成本费用明细账。

2.3.1 职工薪酬费用的计算

1. 职工薪酬的范围

职工薪酬是指企业为获得职工提供的服务或解除劳动关系而给予的各种形式的报酬或补偿,包括短期薪酬、离职后福利、辞退福利和其他长期职工福利。企业支付给职工配偶、子女、受赡养人、已故员工遗属及其他受益人等的福利,也属于职工薪酬。本书中的薪酬费用计算主要涉及短期薪酬及离职后福利计划中的设定提存计划。

1) 短期薪酬

短期薪酬是指企业在职工提供相关服务的年度报告期间结束后 12 个月内需要全部予以支付的职工薪酬。短期薪酬不包括因解除与职工的劳动关系而给予的补偿。短期薪酬具体包括以下内容。

(1) 职工工资、奖金、津贴和补贴。

职工工资、奖金、津贴和补贴是指按照构成工资总额的计时工资、计件工资、支付给职工的超额劳动报酬和增收节支的劳动报酬,为补偿职工特殊或额外的劳动消耗和因其他特殊原因支付给职工的津贴,以及为了保证职工工资水平不受物价影响支付给职工的物价补贴等。

(2) 职工福利费。

职工福利费是指企业向职工提供的生活困难补助、丧葬补助费、抚恤费、职工异地安家费、防暑降温费等职工福利支出。

(3) 医疗保险费、工伤保险费和生育保险费等社会保险费。

医疗保险费、工伤保险费和生育保险费等社会保险费是指企业按照国家规定的基准和比例计算,向社会保险经办机构缴纳的医疗保险费、工伤保险费和生育保险费等。

(4) 住房公积金。

住房公积金是指企业按照国家规定的基准和比例计算,向住房公积金管理机构缴存的住房公积金。

(5) 工会经费和职工教育经费。

工会经费和职工教育经费是指企业为了改善职工文化生活、使职工学习先进技术及提高文化水平和业务素质,用于开展工会活动和职工教育及职业技能培训等的相关支出。

(6) 短期带薪缺勤。

短期带薪缺勤是指职工虽然缺勤但企业仍向其支付报酬的安排,包括年休假、病假、婚假、产假、丧假、探亲假等。长期带薪缺勤属于其他长期职工福利。

(7) 短期利润分享计划。

短期利润分享计划是指因职工提供服务而与职工达成的基于利润或其他经营成果提供薪酬的协议。长期利润分享计划属于其他长期职工福利。

(8) 其他短期薪酬。

其他短期薪酬是指除上述薪酬以外的为获得职工提供的服务而给予的其他短期报酬。

2) 离职后福利

离职后福利是指企业为获得职工提供的服务而在职工退休或与企业解除劳动关系后,提供的各种形式的报酬和福利。离职后福利不包括短期报酬和辞退福利。企业应将离职后福利计划分类为设定提存计划和设定受益计划。离职后福利计划是指企业与职工就离职后福利达成的协议,或者企业为向职工提供离职后福利指定的规章或办法等。其中,设定提存计划是指向独立的基金缴存固定费用后,企业不再承担进一步支付义务的离职后福利计划;设定受益计划是指除设定提存计划以外的离职后福利计划。

3) 辞退福利

辞退福利是指企业职工在职工劳动合同到期之前解除与职工的劳动关系,或者为鼓励职工自愿接受裁减而给予职工的补偿。

4) 其他长期职工福利

其他长期职工福利是指除短期薪酬、离职后福利、辞退福利之外所有的职工薪酬,包括长期带薪缺勤、长期残疾福利、长期利润分享计划等。

2. 工资总额的组成

工资总额是指各单位在一定时期内直接支付给本单位全部职工的劳动报酬总额。根据国家统计局规定,工资总额由下列六个部分组成。

1) 计时工资

计时工资是指按照计时工资标准和工作时间支付给个人的劳动报酬,主要有月薪制、日薪制两种形式。

2) 计件工资

计件工资是指按产量记录和计件单价进行计算的劳动报酬。

3) 奖金

奖金是指支付给职工的超额劳动报酬和增收节支的劳动报酬,包括生产奖、节约奖、劳动竞赛奖等。

4) 津贴和补贴

津贴和补贴是指为了补偿职工特殊或额外的劳动消耗和因其他特殊原因支付给职工的津贴,以及为了保证职工工资水平不受物价影响支付给职工的物价补贴等。

5) 加班加点工资

加班加点工资是指按规定支付的加班工资和加点工资。

6) 特殊情况下支付的工资

特殊情况下支付的工资包括根据国家法律、法规和政策的规定,因病、工伤、产假、计划生育假、婚丧假、探亲假、定期休假、停工学习等原因按计时工资标准或计时工资标准的一定比例支付的工资。

不包括在工资总额中的内容如下。

(1) 企业支付的有关劳动保险和职工福利方面的各项支出。

(2) 企业支付的有关离休、退休职工和退职人员待遇的各种支出。

(3) 企业支付的各项劳动保护支出。

(4) 企业支付的职工出差伙食补助费、误餐补助、调动工作的差旅费和安家费等。

3. 工资费用的原始记录

企业应按每个职工设置工资卡,内含职工姓名、职务、工资等级、工资标准等资料。计算职工工资的原始记录有考勤记录和产量记录。

1) 考勤记录

考勤记录是登记职工出勤和缺勤情况的记录,为计时工资计算提供依据。考勤记录的形式主要有考勤表(见表 2-3-1)、考勤磁卡(刷卡)等。

表 2-3-1 考勤表

车间： 年 月

编号	姓名	出勤和缺勤情况					出勤合计	缺勤合计	出勤时间分析				缺勤时间分析							迟到或早退
		1	2	3	4	…			计时工资	夜班工资	加班加点	…	公假	工伤	病假	探亲假	婚假	事假	旷工	其他	
合计																					

2) 产量记录

产量记录是登记工人或生产班组在出勤时间内完成产品的数量、质量和耗用工时的原始记录。产量记录是计件工资计算的依据,同时也是统计产量和工时的依据。产量记录包括工作通知单(见表 2-3-2)、工作班产量表(见表 2-3-3)等。

表 2-3-2 工作通知单

车间： 年 月

工作令号	车间	工段	小组	姓名	工号	等级

产品或订单号	零件编号	工序	计量单位	数量	单位工时定额	定额总工时	开工时间	完工时间	实用工时	交验数量	合格数量	返修数量	工废数量	料废数量	检查员号	废品通知单	工资

— 40 —

表 2-3-3　工作班产量表

车间：　　　　　　　　　　　　　　　　年　　月

工人			工作任务				检查结果							工资			
工号	姓名	等级	产品编号	零件编号	工序	发给加工数量	工时定额	交验数量	合格数量	退修数量	工废数量	料废数量	未加工数量	定额总工时	实际工时	检验员	计件工资	合格品工资	废品工资	工资合计
…																				

4. 工资总额的计算

在实际工作中，企业可以根据具体情况采用不同的工资制度。最基本的工资制度是计时工资制度和计件工资制度。

1) 计时工资(包括:月薪制、日薪制)的计算

计时工资的计算可以采用月薪制或日薪制。

(1) 在月薪制下，不论各月的日历天数多少，每月的标准工资相同，职工只要当月出全勤，就可以得到固定的月标准工资。固定职工的计时工资一般按月薪制计算。

在月薪制下，计时工资的计算方法如下。

①方法1：扣勤法。

应付计时工资＝月标准工资－缺勤应扣工资

＝月标准工资－事假天数×日工资－病假天数×日工资×病假扣款率

②方法2：出勤法。

应付计时工资＝本月出勤天数×日工资＋病假天数×日工资×(1－病假扣款率)

◇小贴示

$$日工资 = \frac{月标准工资}{21.75\ 天}$$

按照我国劳动和社会保障部公布的规定，全年平均每月法定计薪天数的计算不再剔除国家规定的11天法定节假日，即：月法定计薪天数21.75天＝(365天－104天)/12。

(2) 在日薪制下，按职工的出勤天数和日标准工资计算应付工资。临时职工的工资一般采用日薪制计算。在日薪制下，计时工资的计算公式如下。

应付计时工资＝出勤天数×日工资

2) 计件工资的计算

(1) 个人计件工资的计算。

个人计件工资＝(合格品数量＋料废品数量)×计件单价

◇小贴示

　　料废品是指因原材料原因导致的废品,工废品是指由于工人本人过失造成的废品。

（2）集体计件工资的计算。

集体计件工资是指以生产班组为计件对象计算的班组集体应得工资总额。集体计件工资计算出来后还需采用一定的分配标准在班组成员之间进行分配,以计算出每个班组成员应得工资。

【案例】

光明工厂职工赵月的月工资标准为 2 175 元。201×年 3 月份,赵月出勤 17 天(事假 4 天、病假 2 天、星期六、日休息计 8 天)。根据工龄,赵月病假工资按工资标准的 90% 计发。

要求：
(1) 计算赵月的日工资；
(2) 用扣勤法和出勤法分别计算赵月本月应得的工资。

【解析】
(1) 计算赵月的日工资。

$$日工资 = \frac{2\ 175\ 元}{21.75\ 天} = 100\ 元/天$$

(2) 计算赵月该月应得的工资。

①扣勤法：

　　2 175 元－4 天×100 元/天－2 天×100 元/天×(1－90%)＝1 755 元

②出勤法：

　　17 天×100 元/天＋2 天×100 元/天×90%＝1 880 元

◇小贴示

　　计时工资采用不同的计算方法进行计算,可能会出现不同的结果,企业应根据本企业实际情况确定计时工资的计算方法。计时工资的计算方法一经确定,不得随意变动。

请思考：
上述案例中,按扣勤法计算的月工资和按出勤法计算的月工资不同,你知道是何原因么？

【案例】

1. 东方工厂工人小张,201×年 3 月生产 A、B 两种产品,共生产 A 产品 100 件、B 产品 85 件。验收时发现 A 产品料废品 6 件、工废品 4 件,B 产品全部合格。计件单价为 A 产品 9 元/件、B 产品 15 元/件。请计算小张本月应得的计件工资。

(参考答案：2 139 元)

2. 某生产班组由3名工人组成,该生产班组共完成了若干生产任务,取得集体计件工资8 064元,具体资料如表2-3-4所示。

表 2-3-4　生产班组成员日工资及出勤资料统计表

工人姓名	等级	日工资/(元/天)	出勤天数/天
魏明	8	80	25
赵严	6	60	23
张虹	5	50	22
合计	—	—	70

要求:以日工资和出勤天数计算的工资额为分配标准计算每个工人应得工资,填写表2-3-5。

表 2-3-5　生产班组成员工资费用计算表(一)

工人姓名	等级	日工资/(元/天)	出勤天数/天	分配标准/元	分配率/(元/元)	分配金额/元
魏明						
赵严						
张虹						
合计						

【解析】

集体计件工资额的计算与个人计件工资额的计算基本相同,只是还需在集体内部各名工人之间进行分配。填写表2-3-5,得到表2-3-6。

表 2-3-6　生产班组成员工资费用计算表(二)

工人姓名	等级	日工资/(元/天)	出勤天数/天	分配标准/元	分配率/(元/元)	分配金额/元
魏明	8	80	25	2 000		3 600
赵严	6	60	23	1 380		2 484
张虹	5	50	22	1 100		1 980
合计	—	—	70	4 480	1.8	8 064

请思考:

(1) 在上述案例2中,每个工人应得工资额在什么情况下采用上述方法计算较为合理?

(2) 假如上述案例2中该生产小组完成的生产任务技术难度不大,采用什么标准分配集体计件工资额更简便、合理?

3) 加班加点工资的计算

按照劳动法的规定,用人单位应当按照下列标准支付高于劳动者正常工作时间的工资报酬:安排劳动者延长工作时间的,支付不低于其工资150%的工资报酬;休息日安排劳动者工作又不能安排补休的,支付不低于其工资200%的工资报酬;法定休假日安排劳动者工作的,支付不低于其工资300%的工资报酬。

国家规定的11天法定节假日包括元旦1天、清明节1天、"五一"国际劳动节1天、端午节1天、中秋节1天、国庆节3天、春节3天。

> **案例**

201×年5月,东方工厂工人王东在双休日加班2天、"五一"法定节假日加班1天,他的日工资为100元/天。

请计算:

(1) 王东本月的加班工资;

(2) 如果王东在平时工作日期间还加班了共计12时,则王东该月应得的加班工资为多少?

(参考答案:700元;925元)

5. 社会保险费及住房公积金的计算

1) 社会保险费的计算

社会保险费的计算包括养老保险费、医疗保险费、失业保险费、工伤保险费、生育保险费的计算。

(1) 养老保险费的计算。

养老保险费由企业和职工共同承担,企业应按照工资总额的一定比例缴纳基本养老保险费,职工也要按照单位确定的月缴费基数(个人月缴费基数是在政府规定范围内,由单位按照职务、工龄等确定的)和一定比例缴纳个人负担部分,企业出大头、职工出小头,职工退休后可到社会保障部门领取养老金。

(2) 医疗保险费的计算。

为了保证职工和退休人员患病时得到基本治疗,享受医疗保险待遇,企业、机关、事业单位应按全部职工缴费工资基数和一定比例缴纳基本医疗保险费,职工也要按照一定的个人月缴费基数和比例缴纳基本医疗保险费。

(3) 失业保险费的计算。

为了保障失业人员失业期间的基本生活,促进失业人员再就业,企业、事业单位应当缴纳失业保险费,职工也要按照一定的个人月缴费基数和比例缴纳个人负担的部分。

(4) 工伤保险费的计算。

工伤保险费由用人单位按时缴纳,职工个人不需要缴纳工伤保险费。用人单位缴纳工伤保险费的数额为本单位职工工资总额(月缴费基数)与单位缴费率之积。

(5) 生育保险费的计算。

生育保险费由用人单位按时缴纳,职工个人不需要缴纳生育保险费。用人单位缴纳生育保险费的数额为本单位职工工资总额(月缴费基数)与单位缴费率之积。

2) 住房公积金的计算

住房公积金是单位及其在职职工缴存的长期住房储金。职工个人缴存的住房公积金以及单位为其缴存的住房公积金,实行专户存储,归职工个人所有。职工住房公积金月缴存额等于职工上年月平均工资与职工住房公积金缴存比例之积。

> **案例**

北京市利民工厂基本生产车间职工个人在201×年6月应负担的社会保险费计算表如表

2-3-7所示,请计算并填写杜伟应缴纳的各项社会保险费和住房公积金的金额。

表 2-3-7 个人自负社会保险费计算表

201×年6月

姓名	月缴费工资/元	养老保险(8%)/元	医疗保险(2%)/元	失业保险(0.5%)/元	住房公积金(12%)/元	合计/元
张军	3 680.00	294.40	73.60	18.40	441.60	828.00
王红	3 965.00	317.20	79.30	19.83	475.80	892.13
杜伟	3 420.00					
……	……	……	……	……	……	……

(参考答案:合计 769.50 元)

◇ 小贴示

> 每个职工的月缴费工资由所在单位确定,负担的社会保险费由所在单位的劳资部门计算。无特殊情况,社会保险费一般一年内不进行调整。在表 2-3-7 中,各种保险费的缴纳比例参照北京市当年的规定计算,为举例方便,假设住房公积金的计提基数与社会保险费的计提基数一致。

2.3.2 职工薪酬费用的分配

(1) 为了如实反映企业工资总额的构成,便于进行工资费用分配的核算,会计部门首先应根据计算出的职工工资按照车间、部门分别编制"工资结算单",用以反映每一个职工的工资结算情况。"工资结算单"中填列了每个职工的应付工资、代发款项、代扣款项和实发工资等。"工资结算单"是企业与职工进行工资结算的依据。"工资结算单"中应付工资的总额也是进行工资费用分配的依据。在实际工作中,有时也把它称为"工资单"。"工资结算单"一般一式三份:一份按员工姓名裁成"工资条",发给员工,以便员工查对应得工资和各种结算款项;一份作为劳资部门进行劳动工资统计的依据;一份经过职工签收后作为工资结算和付款的原始凭证。同时,为了反映整个企业工资结算和支付情况,还应根据各车间、部门的"工资结算单"等资料编制"工资结算汇总表",用以归集人工费用。

(2) 企业的工资费用需根据"工资结算汇总表"编制"工资费用分配表",根据"工资费用分配表"进行分配,按工资的用途分别借记基本生产成本账户、辅助生产成本账户、制造费用账户、管理费用账户等账户,贷记应付职工薪酬账户。

(3) 几种产品共同负担的生产工人工资应按所生产产品的生产工时(实际工时或定额工时)等分配标准在各产品之间进行分配,计算公式如下。

$$生产工人工资分配率 = \frac{生产工人工资总额}{各产品生产工时之和}$$

某产品应分担的工资费用 = 该产品生产工时 × 生产工人工资分配率

(4) 企业负担的各种社会保险费、计提的工会经费、职工教育经费等通过编制相应的费用计提表进行分配。

案例

201×年6月,正大工厂基本生产车间生产甲、乙两种产品。该月该车间生产工人工资共计50 000元,生产甲产品5 000件、乙产品2 000件。已知产品工时定额为甲产品5时/件、乙产品7.5时/件。

请计算:甲、乙两种产品各自应负担的工资费用。

【解析】

甲产品的定额工时＝5 000件×5时/件＝25 000时

乙产品的定额工时＝2 000件×7.5时/件＝15 000时

$$生产工人工资分配率＝\frac{50\ 000元}{40\ 000时}＝1.25元/时$$

甲产品应负担的工资费＝25 000时×1.25元/时＝31 250元

乙产品应负担的工资费＝15 000时×1.25元/时＝18 750元

◇ 小贴示

> (1) 工时定额也称时间定额,是指在一定的生产技术和生产组织的条件下,生产单位产品或完成一定工作量所规定的时间消耗量。
>
> (2) 定额工时是指生产一定数量的产品,按事先核定的工时定额计算确定的可以消耗时间的总量,即定额工时＝工时定额×产量。

案例

1. 201×年6月末,正大工厂基本生产车间的成本会计人员根据该月"工资结算单"(见表2-3-8)及相关成本资料,编制本车间该月的"工资费用分配表"(见表2-3-9)。

表2-3-8 工资结算单

部门:基本生产车间　　　　　　201×年6月30日　　　　　　单位:元

姓名	基本工资	奖金	应扣工资		应付工资	代扣款项					小计	实发工资	领款人签章
			病假	事假		养老保险费	医疗保险费	失业保险费	住房公积金	个人所得税			
生产工人													
张军	…	…	…	…	2 759	134.4	33.6	8.4	201.6		378.00	2 381.00	
王红	…	…	…	…	…	…	…	…	…		…	…	
……													
小计	50 840	1 907	254	586	51 907	9 500	4 500	750	6 000		20 750.00	31 157.00	
管理人员													

续表

姓名	基本工资	奖金	应扣工资		应付工资	代扣款项						实发工资	领款人签章
			病假	事假		养老保险费	医疗保险费	失业保险费	住房公积金	个人所得税	小计		
杜伟	…	…	…	…	2 268	113.6	28.4	7.1	170.4		319.50	1 948.50	
……	…	…	…	…	…						…	…	
小计	…	…	…	…	18 729	…					8 580.00	10 149.00	
合计	…	…	…	…	70 636	…					29 330.00	41 306.00	

注：基本工资也叫标准工资；表中奖金纵栏的"1907"为生产乙产品工人的奖金。

表 2-3-9　工资费用分配表（一）

部门：基本生产车间　　　　　　　　201×年6月30日　　　　　　　　金额单位：元

应借科目		成本或费用项目	直接计入费用	分配计入费用			费用合计
总账科目	明细科目			生产工时/时	分配率/(元/时)	分配金额	
基本生产成本	甲产品	直接人工		25 000		31 250	31 250
	乙产品	直接人工	1 907	15 000		18 750	20 657
	小计		1 907	40 000	1.25	50 000	51 907
制造费用		职工薪酬	18 729				18 729
	小计		18 729				18 729
	合计		20 636			50 000	70 636

根据各车间、部门当月的"工资结算单"编制"正大工厂工资结算汇总表"（见表 2-3-10）。

表 2-3-10　正大工厂工资结算汇总表

201×年6月30日　　　　　　　　　　　　　　　　　　　　金额单位：元

车间、部门		基本工资	奖金	应扣工资		应付工资	代扣款项				实发工资
				病假	事假		养老保险费	医疗保险费	失业保险费	住房公积金	
基本生产车间	生产工人	50 840	1 907	254	586	51 907	9 500	4 500	750	6 000	31 157
	管理人员	…	…	…	…	18 729	…	…	…	…	10 149
	小计	…	…	…	…	70 636	……				41 306
辅助生产车间	供水车间					4 900					3 250
	机修车间					4 000					2 205
	小计					8 900					
销售部门		…	…	…	…	10 000	…	…	…	…	

续表

车间、部门	基本工资	奖金	应扣工资		应付工资	代扣款项				实发工资
			病假	事假		养老保险费	医疗保险费	失业保险费	住房公积金	
行政管理部门	…	…	…	…	20 000	…	…	…	…	…
合计	…	…	…	…	109 536	…	…	…	…	…

请回答：企业每个月需要分配的工资费用是应付工资额，还是实发工资额？

201×年6月30日，根据表2-3-9和工资结算资料等，编制"正大工厂薪酬费用分配表"（见表2-3-11）并编写分配薪酬费用的会计分录。

表 2-3-11 正大工厂薪酬费用分配表

201×年6月30日　　　　　　　　　　　　　　　　　　　　　金额单位：元

应借科目		成本或费用项目	工资总额
总账科目	明细科目		
基本生产成本	甲产品	直接人工	31 250
	乙产品	直接人工	20 657
	小计		51 907
辅助生产成本	供水车间	职工薪酬	4 900
	机修车间	职工薪酬	4 000
	小计		8 900
制造费用	基本生产车间	职工薪酬	18 729
销售费用		职工薪酬	10 000
管理费用		职工薪酬	20 000
	合计		109 536

根据表2-3-11编制分配职工薪酬费用的会计分录如下。

借：基本生产成本——甲产品　　　　　　　31 250
　　　　　　　　　——乙产品　　　　　　　20 657
　　辅助生产成本——供水车间　　　　　　　4 900
　　　　　　　　　——机修车间　　　　　　　4 000
　　制造费用——基本生产车间　　　　　　　18 729
　　销售费用　　　　　　　　　　　　　　　10 000
　　管理费用　　　　　　　　　　　　　　　20 000
　　贷：应付职工薪酬——工资、奖金、津贴及补贴　　109 536

2. 201×年6月30日，编制了本月正大工厂社会保险费及住房公积金计提表，如表2-3-12所示。

要求：根据表2-3-12编制分配职工社会保险费及住房公积金的会计分录。

表 2-3-12　正大工厂社会保险费及住房公积金计提表

201×年6月30日　　　　　　　　　　　　　　　　　　　　　　　金额单位:元

应借科目		计提基数	养老保险（19%）	医疗保险（9%）	失业保险（1.5%）	工伤保险（1.5%）	住房公积金（8%）	金额合计
基本生产成本	甲产品	35 256	6 698.64	3 173.04	528.84	528.84	2 820.48	13 749.84
	乙产品	23 306	…	…	…	…	…	9 089.34
	小计	58 562	…	…	…	…	…	22 839.18
辅助生产成本	供水车间	5 528	…	…	…	…	…	2 155.92
	机修车间	4 513	…	…	…	…	…	1 760.07
	小计	10 041	…	…	…	…	…	3 915.99
制造费用	基本生产车间	21 130	…	…	…	…	…	8 240.7
销售费用	职工薪酬	11 282	…	…	…	…	…	4 399.98
管理费用	职工薪酬	22 564	…	…	…	…	…	8 799.96
合计		123 579	…	…	…	…	9 886.32	48 195.81

注:假设社会保险费和住房公积金的计提基数相同。

根据表 2-3-12 编制分配社会保险费及住房公积金的会计分录如下。

借:基本生产成本——甲产品　　　　　　　13 749.84
　　　　　　　——乙产品　　　　　　　　 9 089.34
　　辅助生产成本——供水车间　　　　　　 2 155.92
　　　　　　　——机修车间　　　　　　　 1 760.07
　　制造费用——基本生产车间　　　　　　 8 240.70
　　销售费用——职工薪酬　　　　　　　　 4 399.98
　　管理费用——职工薪酬　　　　　　　　 8 799.96
　贷:应付职工薪酬——社会保险费等　　　 38 309.49
　　　　　　　——住房公积金　　　　　　 9 886.32

3. 201×年6月30日,会计部门编制了本月"正大工厂工会经费、职工教育经费计提表",如表 2-3-13 所示。

要求:根据表 2-3-13 编写分配工会经费、职工教育经费的会计分录。

表 2-3-13　正大工厂工会经费、职工教育经费计提表

201×年6月30日　　　　　　　　　　　　　　　　　　　　　　　金额单位:元

应借科目		成本或费用项目	工资总额	工会经费（2%）	职工教育经费（1.5%）	合计
总账科目	明细科目					
基本生产成本	甲产品	直接人工	31 250	625.00	468.75	1 093.75
	乙产品	直接人工	20 657	413.14	309.86	723.00
	小计		51 907	1 038.14	778.61	1 816.75

续表

应借科目		成本或费用项目	工资总额	工会经费（2%）	职工教育经费（1.5%）	合计
总账科目	明细科目					
辅助生产成本	供水车间	职工薪酬	4 900	98.00	73.50	171.50
	机修车间	职工薪酬	4 000	80.00	60.00	140.00
	小计		8 900	178.00	133.50	311.50
制造费用	基本生产车间	职工薪酬	18 729	374.58	280.94	655.52
销售费用		职工薪酬	10 000	200.00	150.00	350.00
管理费用		职工薪酬	20 000	400.00	300.00	700.00
合计			109 536	2 190.72	1 643.05	3 833.77

根据表 2-3-13 编写分配工会经费、职工教育经费的会计分录如下。

借：基本生产成本——甲产品　　　　　　1 093.75
　　　　　　　　——乙产品　　　　　　　723.00
　　辅助生产成本——供水车间　　　　　　171.50
　　　　　　　　——机修车间　　　　　　140.00
　　制造费用——基本生产车间　　　　　　655.52
　　销售费用　　　　　　　　　　　　　　350.00
　　管理费用　　　　　　　　　　　　　　700.00
　贷：应付职工薪酬——工会经费　　　　2 190.72
　　　　　　　　　——职工教育经费　　1 643.05

◇ 小贴示

（1）企业应当按照《企业会计准则》等相关规定，分别按照当月职工工资总额 2% 和 1.5% 的计提标准，计算工会经费、职工教育经费金额并计入相应的成本、费用中；从业人员技术要求高、培训任务重、经济效益好的企业，可根据国家相关规定，按照职工工资总额的 2.5% 计提工会经费、职工教育经费。

（2）《关于企业职工教育经费税前扣除政策的通知》（财税〔2018〕51 号）明确自 2018 年 1 月 1 日起，企业发生的职工教育经费支出，不超过工资薪金总额 8% 的部分，准予在计算企业所得税应纳税所得额时扣除；超过部分，准予在以后纳税年度结转扣除。

请思考：
计入产品生产成本中的人工费用应包括哪些内容？

上岗一试

以模块 1 项目 1.1 中飞跃轮胎有限责任公司的资料为依据，完成以下工作任务。
（1）编制 201× 年 2 月该公司的"工资费用分配表"（见表 2-3-14）、"社会保险费及住房公积金分配表"(见表2-3-15)、"工会经费、职工教育经费分配表"(见表2-3-16),分配率保留4位数。

(2) 根据"工资费用分配表""社会保险费及住房公积金分配表""工会经费、职工教育经费分配表"编写会计分录。

(3) 登记明细账(见表1-3-1至表1-3-5)。

表2-3-14 工资费用分配表(二)

201×年2月　　　　　　　　　　　　　　　　　　　　　　　金额单位:元

应借科目		成本或费用项目	工人工资的分配			其他各类人员工资	合计
			生产工时/时	分配率/(元/时)	分配金额		
基本生产成本		自行车内胎					
		摩托车内胎					
		小计					
辅助生产成本		动力车间					
		供水车间					
		小计					
制造费用		内胎车间					
管理费用							
合计							

表2-3-15 社会保险费及住房公积金分配表

201×年2月　　　　　　　　　　　　　　　　　　　　　　　金额单位:元

应借科目		成本或费用项目	工人社会保险费及住房公积金的分配			其他各类人员社会保险费及住房公积金	合计
			生产工时/时	分配率/(元/时)	分配金额		
基本生产成本		自行车内胎					
		摩托车内胎					
		小计					
辅助生产成本		动力车间					
		供水车间					
		小计					
制造费用		内胎车间					
管理费用							
合计							

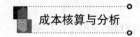

表 2-3-16 工会经费、职工教育经费分配表

201×年 2 月　　　　　　　　　　　　　　　　　　　　　　金额单位：元

应借科目		成本或费用项目	工人工会经费、职工教育经费的分配			其他各类人员工会经费、职工教育经费	合计
			生产工时/时	分配率/(元/时)	分配金额		
基本生产成本	自行车内胎						
	摩托车内胎						
	小计						
辅助生产成本	动力车间						
	供水车间						
	小计						
制造费用	内胎车间						
管理费用							
合计							

 知识巩固

一、单项选择题

1. 基本生产车间管理人员的工资应通过（　　）账户核算。
   A. 制造费用　　　B. 基本生产成本　　　C. 销售费用　　　D. 管理费用

2. 下列项目中属于制造费用的是（　　）。
   A. 生产工人的计件工资　　　　　　B. 生产工人的计时工资
   C. 企业管理人员工资　　　　　　　D. 车间管理人员工资

3. 在企业基本生产成本中直接人工项目不包括（　　）。
   A. 生产工人的计时工资　　　　　　B. 生产工人的计件工资
   C. 生产工人的福利费　　　　　　　D. 行政管理部门人员的薪酬

二、多项选择题

计入产品成本的职工薪酬，按其用途应分别借记（　　）账户。
A. 基本生产成本　　B. 管理费用　　C. 制造费用　　D. 销售费用

三、计算题

1. 泰华公司工人郑一飞的月工资标准为 2 175 元。郑一飞在 8 月份请事假 4 天、双休日休假 10 天、出勤 15 天。根据工龄，郑一飞的病假工资按工资标准的 70％ 计算。郑一飞病假和事假期间没有节假日。请按出勤法计算郑一飞 8 月份应得工资。

2. 泰华公司装配车间第三生产小组集体完成若干生产任务，取得集体计件工资 50 000 元。该小组由不同等级的 3 个工人组成，每人的姓名、等级、日工资率、出勤天数资料如表 2-3-17 所示。

表 2-3-17 生产小组成员工资费用计算表

工人姓名	等级	日工资率/元	出勤天数/天	分配标准/元	分配率/(元/天)	分配额/元
黎明	6	90	25			
赵豪	5	80	23			
张灰	4	70	22			
合计	—		—		—	

要求：请以日工资率和出勤日数计算的工资额为分配标准计算每个工人应得的工资。

3. 泰华公司工人李力在国家法定节假日加班2天、双休日加班2天，他的日工资为120元/天，请计算李力的加班工资是多少？

4. 201×年3月份，某企业生产甲、乙、丙三种产品，实际生产工时为甲产品3 400时、乙产品3 100时、丙产品3 500时。该月工资费用为基本生产车间生产工人工资225 000元、基本生产车间管理人员工资35 000元、辅助生产车间（供电车间）人员工资18 000元、行政管理人员工资20 000元。

要求：

(1) 分配甲、乙、丙三种产品各自负担的工资费用，编制该企业201×年3月份"工资费用分配表"（见表2-3-18）。

(2) 根据表2-3-18编写会计分录。

表 2-3-18 工资费用分配表（三）

201×年3月31日　　　　　　　　　　　　　　　　　　金额单位：元

应借科目		成本或费用项目	工人工资的分配			其他各类人员工资	合计
			生产工时/时	分配率/(元/时)	分配金额		
基本生产成本		甲产品					
		乙产品					
		丙产品					
		小计					
辅助生产成本		供电车间					
制造费用		基本生产车间					
管理费用							
合计							

项目2.4 折旧等其他费用的归集和分配

温馨提示

本项目介绍的费用中,有的是产品成本的组成部分,有的与产品的生产过程无直接关系。边学边做,动起来吧,你一定能够正确划分生产费用和期间费用!

学习目标

通过对本项目的学习,你应该:

1. 会归集发生的折旧费用,能运用适当的方法编制"固定资产折旧计提表"分配折旧费用,能编制相应的会计分录并正确登记成本、费用明细账;

2. 会归集发生的其他费用,能运用适当的方法编制"其他费用分配表",并编制相应的会计分录。

(1)折旧费用一般不单独设立成本项目,企业各车间、职能部门每月计提的折旧额可按以下公式计算。

$$某车间(部门)本月折旧额 = 该车间(部门)上月折旧额$$
$$+ 该车间(部门)上月增加固定资产应提折旧额$$
$$- 该车间(部门)上月减少固定资产应提折旧额$$

(2)在月末,企业会计部门根据各部门、车间固定资产的使用情况和固定资产折旧计提办法编制"固定资产折旧计算表"。

(3)折旧费用的分配通常是根据"固定资产折旧计算表"编制"固定资产折旧费用分配表"进行的,并根据"固定资产折旧费用分配表"编制会计分录,登记有关成本、费用账户。为了简化起见,也可以不编制"固定资产折旧费用分配表",用"固定资产折旧计算表"来代替。

(4)制造业要素费用中的其他费用是指应计入产品成本或期间费用的支出,如印刷费、租赁费、报刊费、职工技术培训费以及保险费等。这些费用都没有专门的成本项目,在发生时应按照发生地点、费用性质及受益对象的不同,分别借记制造费用账户、管理费用账户等账户,贷记银行存款账户、库存现金账户等账户。

案例

1. 某企业编制的201×年3月"固定资产折旧计算表"如表2-4-1所示,请据此进行固定资产折旧费用的分配并编写相应的会计分录。

表 2-4-1　固定资产折旧计算表（一）

201×年 3 月 31 日　　　　　　　　　　　　　　　　　　　　　　　　　　单位：元

应借科目	车间或部门	上月固定资产折旧额	上月增加固定资产应提折旧额	上月减少固定资产应提折旧额	本月固定资产折旧额
制造费用	第一基本车间	15 500			15 500
	第二基本车间	14 610	2 200	152	16 658
	小计	30 110	2 200	152	32 158
辅助生产成本	供水车间	3 042			3 042
	供电车间	3 950			3 950
	小计	6 992			6 992
管理费用	行政管理部门	1 200	160		1 360
合计		38 302	2 360	152	40 510

根据表 2-4-1 编制会计分录如下。

借：制造费用——第一基本车间　　　　　　　　　15 500
　　　　　　——第二基本车间　　　　　　　　　16 658
　　辅助生产成本——供水车间　　　　　　　　　 3 042
　　　　　　　　——供电车间　　　　　　　　　 3 950
　　管理费用——折旧费　　　　　　　　　　　　 1 360
　　贷：累计折旧　　　　　　　　　　　　　　　40 510

2. 某企业 201×年 3 月支付财产保险费 10 565 元、报刊费 2 720 元，这两项费用均通过银行存款支付。该企业以上费用情况如表 2-4-2 所示，请对其他费用进行分配。

表 2-4-2　其他费用汇总表

201×年 3 月 31 日　　　　　　　　　　　　　　　　　　　　　　　　　　单位：元

部门	费用项目	金额
第一基本车间	财产保险费	1 090
	报刊费	280
	小计	1 370
第二基本车间	财产保险费	1 460
	报刊费	300
	小计	1 760
辅助生产供水车间	财产保险费	1 459
	报刊费	300
	小计	1 759
辅助生产供电车间	财产保险费	3 355
	报刊费	240
	小计	3 595

续表

部门	费用项目	金额
行政管理部门	财产保险费	3 201
	报刊费	1 600
	小计	4 801
合计		13 285

根据表 2-4-2 编制以下会计分录。

借:制造费用——第一基本车间　　　　　　1 370
　　　　　　——第二基本车间　　　　　　1 760
　　辅助生产成本——供水车间　　　　　　1 759
　　　　　　　　——供电车间　　　　　　3 595
　　管理费用——其他　　　　　　　　　　4 801
　贷:银行存款　　　　　　　　　　　　　　　　　13 285

上岗一试

以模块 1 项目 1.1 中飞跃轮胎有限责任公司的资料为依据,完成以下工作任务。
(1) 根据表 1-1-15 编制表 2-4-3,并根据表 2-4-3 编写会计分录。
(2) 根据表 1-1-16 其编制表 2-4-4,并根据表 2-4-4 编写会计分录。
(3) 登记明细账(见表 1-3-3 至表 1-3-5)。

表 2-4-3　固定资产折旧计提表

201×年 2 月　　　　　　　　　　　　　　　　　　　　　　　　金额单位:元

部门	房屋建筑物 0.2%		机器设备 0.8%		合计
	固定资产原值	月折旧额	固定资产原值	月折旧额	
内胎车间					
动力车间					
供水车间					
行政管理部门					
合计					

会计分录:

表 2-4-4 其他费用分配表

201×年2月　　　　　　　　　　　　　　　　　　　　　　　单位：元

部门	办公费	水费	业务招待费	其他	合计
内胎车间					
动力车间					
供水车间					
行政管理部门					
合计					

会计分录：

项目2.5　辅助生产费用的归集和分配

> **温馨提示**

辅助生产费用的高低影响到企业产品成本的水平，做好辅助生产费用的归集和分配对企业节约费用、降低成本具有积极的作用。边学边做，动起来吧！

> **学习目标**

通过对本项目的学习，你应该：

1. 知道辅助生产费用归集的程序，能根据各项费用分配表编制的会计分录将辅助生产所发生的费用登记到相应的辅助生产成本明细账中，完成辅助生产费用的归集；

2. 对于辅助生产成本明细账所归集的辅助生产费用，能根据企业具体情况选择适当的方法编制辅助生产费用分配表，在受益对象之间对其进行分配，并进行相关账务处理。

辅助生产部门是指为基本生产和行政管理等部门提供产品或劳务的单位。有的辅助生产部门只生产一种产品或提供一种劳务，如供电、供水、运输等辅助生产，称为单品种辅助生产部门；有的辅助生产部门生产多种产品或提供多种劳务，如从事工具、模具的制造以及机器设备的修理等辅助生产，称为多品种辅助生产部门。辅助生产部门在进行产品生产或劳务提供时所发生的各种费用就是辅助生产费用。辅助生产费用归集和分配的方法因辅助生产部门类型不同而不同。

2.5.1 辅助生产费用的归集

归集辅助生产费用需要设置辅助生产成本总账和辅助生产成本明细账。对于规模较小、制造费用不多且不对外提供劳务或销售产品的辅助生产车间,为了简化核算,可不单独设置制造费用——××辅助生产车间明细账,直接将所发生的制造费用计入辅助生产成本明细账。

2.5.2 辅助生产费用的分配

归集在辅助生产成本明细账借方的辅助生产费用,因辅助生产车间所生产产品和提供劳务的种类不同,分配转出的程序也不同。例如,生产产品(工具、模具等),应在产品完工时,从辅助生产成本账户贷方分别转入周转材料——低值易耗品账户、原材料账户等账户的借方;提供劳务(运输、修理等)发生的辅助生产费用应选择适当方法在受益对象之间进行分配。

单品种辅助生产部门所发生的一切费用都是直接费用,一般可按费用的经济用途直接计入所生产的产品或劳务的成本;多品种辅助生产部门所发生的费用需由两个或两个以上的产品、劳务负担,应将共同费用在受益对象间进行分配。

辅助生产费用的分配应通过编制"辅助生产费用分配表"进行。辅助生产费用的分配方法有很多,主要有直接分配法、交互分配法、代数分配法、计划成本分配法等。

(1) 直接分配法。

直接分配法是指不考虑各辅助生产车间内部相互提供的产品或劳务量,直接将各辅助生产车间发生的费用分配给辅助生产车间以外的各受益对象的一种分配方法。直接分配法计算公式如下。

$$某辅助生产车间费用分配率 = \frac{该辅助生产车间辅助生产费用总额}{该辅助生产车间对外提供的产品或劳务量}$$

某受益对象应负担的费用 = 该受益对象耗用的产品或劳务量 × 该辅助生产车间费用分配率

式中,"该辅助生产车间对外提供的产品或劳务量"不包括对其他辅助生产车间提供的产品或劳务量。

直接分配法的特点是辅助生产费用只进行对外分配,计算简单,但分配结果不够准确。直接分配法一般适宜在辅助生产车间内部相互提供产品或劳务不多、不进行费用的分配对产品成本影响不大的情况下使用。

(2) 交互分配法。

交互分配法是指辅助生产费用的分配分两次完成,首先将辅助生产成本明细账上归集的费用额根据各辅助生产车间、部门相互提供的劳务量计算分配率在辅助生产车间之间进行交互分配(即对内分配);然后将各辅助生产车间交互分配后的费用额(即交互分配前费用加上交互分配转入的费用,减去交互分配转出的费用),在辅助生产车间以外的其他受益对象之间按受益情况进行分配(即对外分配)。

第一阶段辅助生产车间交互分配计算公式如下。

$$某辅助生产车间交互分配率 = \frac{该辅助生产车间辅助生产费用}{该辅助生产车间提供的产品或劳务总量}$$

某辅助生产车间应负担的其他辅助费用 = 该辅助生产车间耗用其他辅助生产车间产品或劳务量 × 该辅助生产车间交互分配率

第二阶段对辅助生产车间以外进行分配计算公式如下。

$$某辅助生产车间对外分配率=\frac{该辅助生产车间交互分配后的费用}{该辅助生产车间对外提供的产品或劳务总量}$$

某辅助生产车间以外的受益对象应负担的费用＝该受益对象耗用的产品或劳务量×某辅助生产车间对外分配率

交互分配法的特点是辅助生产费用分配分两次完成，提高了分配的准确性，但同时也加大了分配的工作量。交互分配法一般适用于辅助生产车间之间相互提供劳务较多的企业。若辅助生产车间过多，则不宜采用交互分配法。

（3）代数分配法。

代数分配法运用代数中多元一次联立方程的原理，根据各辅助生产车间相互提供产品或劳务的数量，建立联立方程，求解计算辅助生产提供产品或劳务的单位成本，然后按各受益部门（包括辅助生产车间）耗用的数量和单位成本计算应分配的辅助生产费用的一种方法。

代数分配法的特点是费用分配结果最准确，但在辅助生产车间较多的情况下，未知数较多，计算工作比较复杂。因此，代数分配法一般适用于已经实现电算化的企业。

（4）计划成本分配法。

计划成本分配法是指归集的辅助生产费用，按事先确定的计划单位成本和各受益部门（包括辅助生产车间）的耗用数量先行分配，再将按计划单位成本分配的辅助生产费用与实际发生的辅助生产费用之间的差额，在辅助生产车间以外的受益部门中进行分配。在实际工作中，为了简化核算手续，可以将上述差额全部列为当月得管理费用。

计划成本分配法的特点是能反映考核辅助生产费用计划的执行情况，但费用分配结果不够准确。计划成本分配法适用于辅助生产劳务或产品计划单位成本制定得比较准确的企业。

计划成本分配法计算公式如下。

某受益对象应负担的费用＝该受益对象耗用的产品或劳务量×该产品或劳务计划单位成本

某辅助生产车间成本差异＝该辅助生产车间实际总成本－该辅助生产车间计划总成本

其中：

该辅助生产车间实际总成本＝该辅助生产车间实际发生成本
　　　　　　　　　　　　＋该辅助生产车间转入的计划成本

> **案例**

1. 某企业有一个辅助生产车间——供水车间。供水车间为基本生产和行政管理部门提供供水作业。某月该车间发生辅助生产费用 1 000 000 元，供水 50 000 吨，其中基本生产用水49 500 吨、行政管理部门用水 500 吨。

请思考：

在本案例中，应以什么为标准分配辅助生产费用？具体如何分配？

2. 某企业有供电和运输两个辅助生产车间，某月各辅助生产车间发生的辅助生产费用和提供的劳务情况如表 2-5-1 所示。

表 2-5-1 辅助生产费用及提供劳务统计表(一)

项目		供电车间	运输车间
本月发生费用合计		105 000 元	18 000 元
本月劳务供应量		300 500 千瓦·时	30 100 吨·公里
各受益部门耗用量	供电车间耗用		100 吨·公里
	运输车间耗用	500 千瓦·时	
	基本生产车间 生产甲产品耗用	210 000 千瓦·时	
	基本生产车间 车间一般耗用	80 000 千瓦·时	21 000 吨·公里
行政管理部门耗用		10 000 千瓦·时	9 000 吨·公里

请思考:

(1) 案例1的情况和案例2的情况有什么不同?

(2) 在案例2中,两个辅助生产车间相互提供的劳务多吗?忽略双方相互提供的劳务,对分配结果的准确性是否有影响?如果有影响,影响大吗?

(3) 假定案例2中不考虑辅助生产车间相互提供的劳务,两个辅助生产车间的辅助生产费用应该如何分配?

3. 假定上述案例2中两个辅助生产车间某月发生的辅助生产费用、提供的劳务情况如表2-5-2所示。

表 2-5-2 辅助生产费用及提供劳务统计表(二)

项目		供电车间	运输车间
本月发生费用合计		105 000 元	18 000 元
本月劳务供应量		300 500 千瓦·时	30 100 吨·公里
各受益部门耗用量	供电车间耗用		10 100 吨·公里
	运输车间耗用	50 500 千瓦·时	
	基本生产车间 生产甲产品耗用	200 000 千瓦·时	
	基本生产车间 车间一般耗用	40 000 千瓦·时	19 000 吨·公里
行政管理部门耗用		10 000 千瓦·时	1 000 吨·公里

请思考:

(1) 案例3的情况和案例2的情况又有什么不同?

(2) 案例3中两个辅助生产车间相互提供的劳务是否也可以忽略不计?如果这样做,对分配结果的准确性会产生怎样的影响?

做中学

1. 根据上述案例2中的资料,采用直接分配法编制"辅助生产费用分配表"(见表2-5-3),分配辅助生产费用并编写相应的会计分录。

表 2-5-3 辅助生产费用分配表(直接分配法)(一)

项目			供电车间	运输车间	金额合计
待分配辅助费用			105 000 元	18 000 元	123 000 元
对外提供劳务数量			300 000 千瓦·时	30 000 吨·公里	
费用分配率			0.35 元/(千瓦·时)	0.6 元/(吨·公里)	
生产甲产品耗用	基本生产成本	数量	210 000 千瓦·时		
		金额	73 500 元		73 500 元
车间一般性耗用	制造费用	数量	80 000 千瓦·时	21 000 吨·公里	
		金额	28 000 元	12 600 元	40 600 元
行政管理部门耗用	管理费用	数量	10 000 千瓦·时	9 000 吨·公里	
		金额	3 500 元	5 400 元	8 900 元
分配费用合计			105 000 元	18 000 元	123 000 元

根据表 2-5-3 编制会计分录如下。

借:基本生产成本——甲产品　　　　　　　　　73 500
　　制造费用——基本生产车间　　　　　　　　40 600
　　管理费用　　　　　　　　　　　　　　　　 8 900
　贷:辅助生产成本——供电车间　　　　　　　　　　　105 000
　　　　　　　　——运输车间　　　　　　　　　　　 18 000

2. 根据上述案例 3 资料,采用交互分配法编制"辅助生产费用分配表"(见表 2-5-4),分配辅助生产费用(分配率保留 4 位小数、分配金额保留 2 位小数,尾差计入管理费用),并编写相应的会计分录。

【解析】

完成上述任务,可在费用分配表中先进行第一次分配(辅助生产车间之间的交互分配),然后将交互分配金额登记相应"辅助生产成本"T 形账户(草稿纸上),最后根据 T 形账户上金额记录确定应对外分配的费用额。

表 2-5-4 辅助生产费用分配表(交互分配法)(一)

项目	交互分配			对外分配		
辅助生产车间	供电车间	运输车间	金额合计	供电车间	运输车间	金额合计
待分配费用	105 000 元	18 000 元	123 000 元	93 395.1 元	29 604.9 元	123 000.00 元
劳务数量	300 500 千瓦·时	30 100 吨·公里		250 000 千瓦·时	20 000 吨·公里	
费用分配率(或单位成本)	0.349 4 元/(千瓦·时)	0.598 0 元/(吨·公里)		0.373 6 元/(千瓦·时)	1.480 2 元/(吨·公里)	

续表

项目			交互分配		对外分配		
辅助生产车间耗用	供电车间	数量	10 100 吨·公里				
		金额	6 039.80 元	6 039.80 元			
	运输车间	数量	50 500 千瓦·时				
		金额	17 644.70 元		17 644.70 元		
甲产品耗用		数量			200 000 千瓦·时		
		金额			74 720.00 元		74 720.00 元
基本生产车间耗用		数量			40 000 千瓦·时	19 000 吨·公里	
		金额			14 944.00 元	28 123.80 元	43 067.80 元
行政管理部门耗用		数量			10 000 千瓦·时	1 000 吨·公里	
		金额			3 731.10 元	1 481.10 元	5 212.20 元
对外分配金额合计					93 395.10 元	29 604.90 元	123 000.00 元

交互分配会计分录如下。

借:辅助生产成本——供电车间　　　　　　6 039.80
　　　　　　　——运输车间　　　　　　17 644.70
　贷:辅助生产成本——运输车间　　　　　　6 039.80
　　　　　　　——供电车间　　　　　　17 644.70

一点通

因为:

借方		辅助生产成本——供电车间	贷方	
交互分配前费用	105 000.00	交互分配转出费用	17 644.70	
交互分配转入费用	6 039.80	对外分配费用	?	
期末余额	0.00			

所以,

供电车间对外分配费用＝105 000元＋6 039.80元－17 644.70元＝93 395.10元

同样,

运输车间对外分配费用＝18 000元＋17 644.70元－6 039.80元＝29 604.90元

对外分配会计分录:

  借:基本生产成本——甲产品   74 720.00

    制造费用——基本生产车间   43 067.80

    管理费用   5 212.20

    贷:辅助生产成本——供电车间   93 395.10

          ——运输车间   29 604.90

3. 根据上述案例3中的资料,用代数分配法首先计算电的单位成本和单位运输成本,然后编制"辅助生产费用分配表"(见表2-5-5),分配辅助生产费用(分配率保留4位小数、分配金额保留2位小数,尾差计入挤入管理费用),并编写相应的会计分录。

【解析】

设 x 为电的单位成本,y 为单位运输成本。

应设联立方程式:

$$\begin{cases} 105\,000 + 10\,100y = 300\,500x \\ 18\,000 + 50\,500x = 30\,100y \end{cases}$$

解方程得

$$x = 0.391\,6\,元/(千瓦·时),\ y = 1.255\,0\,元/(吨·公里)$$

表2-5-5　辅助生产费用分配表(代数分配法)(一)

项目			供电车间	运输车间	合计
待分配费用			105 000.00 元	18 000.00 元	123 000.00 元
劳务数量			300 500 千瓦·时	30 100 吨·公里	
单位成本(或费用分配率)			0.391 6 元/(千瓦·时)	1.255 0 元/(吨·公里)	
辅助生产车间耗用	供电车间	数量		10 100 吨·公里	
		金额		12 675.50 元	12 675.50 元
	运输车间	数量	50 500 千瓦·时		
		金额	19 775.80 元		19 775.80 元
金额小计			19 775.80 元	12 675.50 元	32 451.30 元
甲产品耗用		数量	200 000 千瓦·时		
		金额	78 320.00 元		78 320.00 元
基本生产车间耗用		数量	40 000 千瓦·时	19 000 吨·公里	
		金额	15 664.00 元	23 845.00 元	39 509.00 元
管理部门耗用		数量	10 000 千瓦·时	1 000 吨·公里	
		金额	3 915.70 元	1 255.30 元	5 171.00 元
分配金额合计			117 675.50 元	37 775.80 元	155 451.30 元

根据上表,编制会计分录如下:

借:基本生产成本——甲产品 　　　　　　　78 320.00
　　辅助生产成本——供电车间 　　　　　 12 675.50
　　　　　　　　——运输车间 　　　　　 19 775.80
　　制造费用——基本生产车间 　　　　　 39 509.00
　　管理费用 　　　　　　　　　　　　　　5 171.00
　贷:辅助生产成本——供电车间 　　　　　117 675.50
　　　　　　　　　——运输车间 　　　　　 37 775.80

请思考:

(1)在辅助生产费用分配方法中,代数分配法的结果最准确,为什么?

(2)当辅助生产车间较多时,采用代数分配法结果会怎样?具备什么管理条件的企业适宜采用代数分配法?

(3)采用代数分配法编制的辅助生产费用分配表,分配的辅助生产费用合计数为什么会比待分配费用合计数多?你知道原因吗?

4.根据上述案例3中的资料,假设企业已制定了辅助生产提供产品(或劳务)的计划单位成本(电,0.4元/(千瓦·时);运输费,1.2元/(吨·公里)),采用计划成本分配法编制"辅助生产费用分配表"(见表2-5-6),分配辅助生产费用(分配率保留4位小数、分配金额保留2位小数,尾差计入管理费用),并编写相应的会计分录。

【解析】

完成上述任务,可在费用分配表中先按计划单位成本进行分配,然后将分配金额登记相应"辅助生产成本"T形账户(草稿纸上),最后根据T形账户上金额记录确定实际发生的辅助生产费用。

表2-5-6　辅助生产费用分配表(计划成本分配法)(一)

项目			供电车间	运输车间	合计
待分配费用			105 000元	18 000元	123 000元
劳务数量			300 500 千瓦·时	30 100 吨·公里	
计划单位成本			0.4元/(千瓦·时)	1.2元/(吨·公里)	
辅助生产车间耗用	供电车间	数量		10 100 吨·公里	
		金额		12 120元	12 120元
	运输车间	数量	50 500 千瓦·时		
		金额	20 200元		20 200元
金额小计			20 200元	12 120元	32 320元

续表

项目		供电车间	运输车间	合计
甲产品耗用	数量	200 000 千瓦·时		
	金额	80 000 元		80 000 元
基本生产车间耗用	数量	40 000 千瓦·时	19 000 吨·公里	
	金额	16 000 元	22 800 元	38 800 元
行政管理部门耗用	数量	10 000 千瓦·时	1 000 吨·公里	
	金额	4 000 元	1 200 元	5 200 元
按计划单位成本分配金额合计		120 200 元	36 120 元	156 320 元
辅助生产实际费用		117 120 元	38 200 元	155 320 元
辅助生产费用差异		−3 080 元	2 080 元	−1 000 元

根据上表,编制会计分录如下。

借:基本生产成本——甲产品　　　　　80 000
　　辅助生产成本——供电车间　　　　12 120
　　　　　　　　——运输车间　　　　20 200
　　制造费用——基本生产车间　　　　38 800
　　管理费用　　　　　　　　　　　　5 200
　　贷:辅助生产成本——供电车间　　　　　　　120 200
　　　　　　　　　　——运输车间　　　　　　　36 120

一点通

因为:

借方	辅助生产成本——供电车间		贷方
待分配费用	105 000	按计划单位成本分配转出	120 200
按计划单位成本分配转入	12 120	结转差异	?
期末余额	0		

所以:

供电车间"实际"辅助生产费用＝105 000 元＋12 120 元＝117 120 元

同样,

运输车间"实际"辅助生产费用＝18 000 元＋20 200 元＝38 200 元

结转差异:

借:管理费用　　　　　　　　　　　　1 000
　　贷:辅助生产成本——供电车间　　　　　　　3 080
　　　　　　　　　　——运输车间　　　　　　　2 080

◇小贴示

辅助生产费用分配方法比较表如表2-5-7所示。

表2-5-7 辅助生产费用分配方法比较表

	直接分配法	交互分配法	代数分配法	计划成本分配法
分配方法	将各辅助生产成本明细账中归集的费用总额,不考虑各辅助生产车间之间相互提供劳务或产品,直接分配给辅助生产车间之外的各受益部门	分两个步骤进行: (1)辅助生产车间之间先进行一次交互分配; (2)将辅助生产费用对辅助生产车间以外的各受益部门进行分配	(1)将辅助生产车间产品或劳务的单位成本设成未知数; (2)根据各辅助生产车间相互提供产品或劳务的数量,建立联立方程; (3)计算出辅助生产车间提供产品或劳务的单位成本; (4)根据按各受益部门(包括辅助生产车间)耗用的数量和单位成本计算应分配的辅助生产费用	分两个步骤进行: (1)根据各受益部门(包括辅助生产车间)实际耗用的产品或劳务数量和事先确定的计划单位成本,计算分配辅助生产费用; (2)计算辅助生产车间实际费用额和计划费用额的差异,进行调整分配
特点	只对外分配,不对内分配	先对内分配,后对外分配	建立并求解联立方程	先计划分配,再调整差异
优缺点	计算工作简便,但辅助生产车间之间相互提供产品或劳务未考虑,分配结果不尽准确	较直接分配法复杂,但计算结果比较准确	分配结果最准确,在辅助生产车间较多的情况下,数学模型的建立和求解会更加复杂	各项辅助生产费用只需分配一次,而且还能反映和考核辅助生产费用计划的执行情况
适用条件	适用于辅助生产车间内部相互提供产品或劳务不多的企业	适用于辅助生产车间内部相互提供产品或劳务较多的企业,若辅助生产车间过多,则不宜采用此方法	在会计工作已经实现电算化的企业中采用较为适宜	采用本方法,需要有比较准确的计划单位成本

> 上岗一试

以模块1项目1.1中飞跃轮胎有限责任公司的资料为依据,完成以下工作任务。

(1) 将已登记到辅助生产成本明细账中的费用(见表1-3-3、表1-3-4)进行汇总。

(2) 对各辅助生产成本明细账中所归集的辅助生产费用采用交互分配法编制"辅助生产费用分配表"(见表2-5-8),并据此编写会计分录。

(3) 将内胎产品的动力费用按生产工时比例在自行车、摩托车两产品之间进行分配,编制"产品动力费用分配表(内胎产品)"(见表2-5-9),并据此编写会计分录。

(4) 登记明细账(见表1-3-3至表1-3-5)。

表 2-5-8 辅助生产费用分配表(一)

201×年2月

项目			交互分配			对外分配		
辅助生产车间			动力车间	供水车间	金额合计	动力车间	供水车间	金额合计
待分配费用								
劳务数量								
费用分配率(或单位成本)								
辅助生产车间耗用	动力车间	数量						
		金额						
	供水车间	数量						
		金额						
内胎产品耗用		数量						
		金额						
内胎车间耗用		数量						
		金额						
行政管理部门耗用		数量						
		金额						
对外分配金额合计								

交互分配会计分录:

对外分配会计分录：

表 2-5-9　产品动力费用分配表(内胎产品)

部门：内胎车间　　　　　　　　　　　201×年2月

产品名称	生产工时	分配率	分配金额
自行车内胎			
摩托车内胎			
合计			

会计分录：

知识巩固

一、单项选择题

1. 在辅助生产车间内部相互提供产品或劳务不多的企业，一般可采用（　　）分配辅助生产费用。

　　A. 直接分配法　　　　　　　　　B. 交互分配法
　　C. 代数分配法　　　　　　　　　D. 计划成本分配法

2. 分配结果最准确的辅助生产费用分配方法是（　　）。

　　A. 直接分配法　　　　　　　　　B. 交互分配法
　　C. 代数分配法　　　　　　　　　D. 计划成本分配法

3. 采用辅助生产费用的交互分配法，对外分配的费用总额是（　　）。

　　A. 交互分配前的费用
　　B. 交互分配前的费用加上交互分配转入的费用
　　C. 交互分配前费用减去交互分配转出的费用
　　D. 交互分配前的费用加上交互分配转入的费用，减去交互分配转出的费用

4. 辅助生产费用的直接分配法是将辅助生产费用（　　）。

　　A. 直接计入基本生产成本的方法

B. 直接计入辅助生产成本的方法
C. 直接分配给辅助生产车间以外的各受益单位的方法
D. 直接分配给所有受益单位的方法

5. 在各辅助生产车间相互提供劳务较多的情况下,不适宜采用的辅助生产费用分配方法是( )。
 A. 直接分配法　　　　　　　B. 交互分配法
 C. 计划成本分配法　　　　　D. 代数分配法

6. 辅助生产车间交互分配后的实际费用,应在( )进行分配。
 A. 各基本生产车间　　　　　B. 各受益单位部门之间
 C. 辅助生产车间以外的各受益部门之间　D. 各辅助生产车间

7. 下列辅助生产成本分配方法中,必须经过两次分配的方法是( )。
 A. 直接分配法　　　　　　　B. 交互分配法
 C. 代数分配法　　　　　　　D. 计划成本分配法

二、多项选择题

1. 辅助生产成本的分配通常采用( )。
 A. 直接分配法　　　　　　　B. 交互分配法
 C. 代数分配法　　　　　　　D. 计划成本分配法

2. 分配辅助生产费用时贷记辅助生产成本,其对应的借方账户可能有( )。
 A. 基本生产成本账户　B. 辅助生产成本账户　C. 制造费用账户　D. 管理费用账户

三、判断题

1. 辅助生产车间只为基本生产车间和行政管理部门提供产品或劳务。( )
2. 用交互分配法分配辅助生产费用,实际上就是进行两次辅助生产费用的分配。( )
3. 辅助生产费用按代数分配法分配,结果最准确。( )
4. 直接分配法是指不考虑各辅助生产车间内部相互提供的产品或劳务量,直接将各辅助生产车间发生的费用分配给辅助生产车间以外的各受益对象的一种分配方法。( )
5. 辅助生产费用的直接分配法是在辅助生产车间之间进行的一种分配方法。( )
6. 辅助生产费用按计划成本分配法时,各辅助生产车间的实际成本与计划成本之间产生的差额计入制造费用账户。( )

拓展训练

1. 训练目的

通过实训,能熟练运用不同的辅助生产费用分配方法,分配辅助生产费用。

2. 实训资料

某企业有供电和供水两个辅助生产车间,201×年3月辅助生产成本明细账中归集的费用为供电车间12 000元、供水车间25 000元,其他资料见辅助生产劳务供应通知单(见表2-5-10)。

表2-5-10　辅助生产劳务供应通知单

受益部门	用电量/度	用水量/吨
供电车间		2 500

续表

受益部门	用电量/度	用水量/吨
供水车间	5 000	
基本生产车间	22 000	9 200
行政管理部门	3 000	800
合计	30 000	12 500

3. 实训程序及要求

请分别采用直接分配法、交互分配法、计划成本分配法、代数分配法分配辅助生产费用（见表2-5-11 至表2-5-14），并做出各自相应的会计分录（分配率保留4位小数，金额保留2位小数）。

表 2-5-11　辅助生产费用分配表（直接分配法）（二）

项目	待分配费用	对外提供劳务数量	费用分配率（或单位成本）	分配项目			
				制造费用		管理费用	
				数量	金额	数量	金额
供电车间							
供水车间							
合计							

会计分录：

表 2-5-12　辅助生产费用分配表（交互分配法）（二）

项目			交互分配			对外分配		
辅助生产车间名称			供电	供水	金额合计	供电	供水	金额合计
	待分配费用							
	劳务数量							
	费用分配率（或单位成本）							
辅助生产车间耗用	供电车间	数量						
		金额						
	供水车间	数量						
		金额						

续表

项目		交互分配			对外分配		
基本生产车间耗用	数量						
	金额						
行政管理部门耗用	数量						
	金额						
对外分配金额合计							

会计分录：

表 2-5-13　辅助生产费用分配表（计划成本分配法）（二）

项目		供水车间		供电车间		金额合计
		数量	金额	数量	金额	
待分配费用和劳务数量						
计划单位成本			0.45		0.35	
辅助生产成本	供水车间					
	供电车间					
	小计					
制造费用	基本生产车间水费					
	基本生产车间电费					
	小计					
管理费用	行政管理部门水费					
	行政管理部门电费					
	小计					
按计划单位成本分配合计						
辅助生产实际成本						
辅助生产成本差异						

会计分录：

表 2-5-14　辅助生产费用分配表(代数分配法)(二)

辅助生产车间名称			供电车间	供水车间	金额合计
待分配费用					
劳务数量					
单位成本(或费用分配率)					
辅助生产车间耗用	供电车间	数量			
		金额			
	供水车间	数量			
		金额			
金额小计					
基本生产车间耗用		数量			
		金额			
行政管理部门耗用		数量			
		金额			
分配金额合计					

会计分录：

4. 实训安排

项目实训由成本核算员 1 人独立完成，约需 2 课时。

项目 2.6　制造费用的归集和分配

⸺⸺⸺⸺⸺⸺⸺● ● ●

┌ 温馨提示 ┐

　　制造费用是企业生产部门为了组织产品生产而发生的办公费、差旅费、折旧费、水电费、职工薪酬等间接费用。制造费用也是产品成本的重要组成部分。同学们，想知道制造费用是如何归集、如何分配计入产品成本的吗？现在就和我一起来看看吧！

> **学习目标**
>
> 通过对本项目的学习,你应该:
> 1. 知道制造费用构成的主要内容;
> 2. 会设置制造费用总账及明细账,并将各生产车间所发生的制造费用计入相应的制造费用明细账,进行制造费用的归集;
> 3. 能将归集的制造费用,根据企业具体情况选择适当的方法通过编制"制造费用分配表"分配计入产品成本并进行相关账务处理。

2.6.1 制造费用的概念

制造费用是指企业的生产部门(车间或分厂)为生产产品(或提供劳务)而发生的,应计入产品成本,但没有专设成本项目的各项生产费用。制造费用大多属于间接生产费用,如机物料消耗,车间机器设备、房屋建筑物等的折旧费、保险费、租赁费,劳动保护费,以及季节性停工的停工损失等。制造费用中也包括一部分虽然属于直接生产费用,但管理上不要求或者核算上不便于单独核算,因而没有专设成本项目的费用,如专门用来生产某一种产品的机器设备的折旧费、租赁费、保险费,设计制图费和试验检验费等。此外,制造费用还包括车间用于组织和管理生产的费用。例如,生产车间管理人员的薪酬及按其工资总额计提的工会经费、职工教育经费,车间管理用房屋的折旧费、保险费,车间管理用的照明费、差旅费、办公费、通信费等。如果企业的组织机构分为车间、分厂和总厂等若干层次,企业的分厂与企业的生产车间相似,也是企业的生产部门,那么企业发生的用于组织和管理生产的费用,也作为制造费用核算。

2.6.2 制造费用的归集

通过制造费用账户的借方进行制造费用的归集。制造费用发生时,根据有关记账凭证和各项费用分配表,计入制造费用账户的借方。辅助生产车间发生的制造费用可通过制造费用——××辅助生产车间账户的借方进行归集(当辅助生产车间的制造费用单独核算时),也可直接在辅助生产成本账户的借方直接进行归集(当制造费用不单独核算时)。

2.6.3 制造费用的分配

制造费用账户借方所归集的制造费用,月末按车间进行分配,计入有关成本核算对象的基本生产成本明细账。如果一个车间或分厂只生产一种产品,则所发生的制造费用直接计入该种产品成本;如果一个车间生产多种产品,则所发生的制造费用应采用适当的分配方法分配计入各种产品的成本。制造费用账户期末一般无余额(季节性生产企业采用按年度计划分配率分配法分配制造费用的情况除外)。

制造费用常用的分配方法有生产工人工时比例法、生产工人工资比例法、机器工时比例法、年度计划分配率分配法。前三种方法分别以各种产品所耗生产工人工时、生产工人工资、机器工时数为分配的标准,计算公式如下:

$$某车间制造费用分配率 = \frac{该车间制造费用总额}{该车间各种产品选用分配标准之和}$$

某种产品应分配的制造费用 = 该种产品选用的分配标准 × 该车间制造费用分配率

◇小贴示

　　(1) 采用生产工人工时比例法分配制造费用,可使制造费用的分配与劳动生产率相结合,分配结果比较合理,因此生产工人工时比例法应用比较广泛。在实际工作中,如果产品的工时定额比较准确,那么也可按生产定额工时的比例分配制造费用。
　　(2) 在机械化程度较高的企业中,机器设备成为生产的主要因素,按照机器工时比例分配制造费用更为合理。但采用机器工时比例法,必须有完整的机器工时原始记录,才能正确分配制造费用。
　　(3) 采用生产工人工资比例法分配制造费用,分配标准容易取得,但其正确性受机械化程度的影响较大,因而使用此方法时,要注意各种产品的机械化程度应当基本相近。

对于季节性生产的企业,一般采用年度计划分配率分配法分配制造费用。

年度计划分配率分配法是指企业在正常生产经营条件下,根据年度制造费用预算数与各种产品预计产量的相关定额标准(如工时、机时等)确定年度计划分配率,并以此分配制造费用的方法。年度计划分配率分配法的计算公式如下。

$$制造费用年度计划分配率 = \frac{年度制造费用计划总额}{\sum(各种产品年度计划产量 \times 单位产品工时定额)}$$

$$某产品应负担的制造费用 = (该种产品实际产量 \times 单位产品工时定额) \\ \times 该车间制造费用年度计划分配率$$

通常情况下,各月采用年度计划分配率分配法分配制造费用之后,制造费用账户会出现余额(借方余额或贷方余额)。在年末,对于实际发生的制造费用额与按年度计划分配率分配法分配的制造费用额之间产生的差异额再进行一次分配。如果实际发生的制造费用额大于已分配的计划制造费用额,则将差额补计入各产品的生产成本;反之,用红字冲回多计的产品生产成本。制造费用差异额的分配公式为

$$制造费用差异额分配率 = \frac{全年制造费用差异总额}{全年按计划分配率分配的制造费用总额}$$

$$某产品应分配的制造费用差异额 = 该产品全年按年度计划分配率分配的制造费用总额 \\ \times 制造费用差异分配率$$

◇小贴示

　　(1) 年度计划分配率分配法之所以要以定额工时为标准,是因为各种产品的产量不能直接相加。
　　(2) 采用年度计划分配率分配法,不管各月实际发生的制造费用是多少,每月各种产品成本中的制造费用都按年度计划分配率分配;对实际发生的制造费用额与按年度计划分配率分配的制造费用额之间的差异,一般在年末调整计入12月份产品成本。
　　(3) 年度计划分配率分配法适用于季节性生产企业。它可使单位产品负担的制造费用相对均衡。为了保证产品成本计算的正确性,要求采用年度计划分配率分配法的企业有比较准确的定额标准和较高的计划管理水平。

案例

1. 201×年10月,长江公司基本生产二车间归集的制造费用如表2-6-1所示。该车间当月生产A、B两种产品,实际消耗的生产工时分别为9 000时、7 200时。

要求:请采用生产工人工时比例法分配制造费用,编制"制造费用分配表"(见表2-6-2),并据此编写相应的会计分录、登记制造费用明细账(见表2-6-1)。

表2-6-1 制造费用明细账(一)

车间:基本生产二车间　　　　　　　　　　　　　　　　　　　　　　　　　　　　单位:元

摘要	材料费	电费	职工薪酬	折旧费	水费	办公费	其他	合计
分配材料费用	2 000							2 000
分配外购动力费用		22 500						22 500
分配职工薪酬费用			12 120					12 120
分配折旧费用				10 000				10 000
分配辅助生产费用					30 000			30 000
分配其他费用							5 000	1 000	6 000
本月合计	2 000	22 500	12 120	10 000	30 000	5 000	1 000	82 620

表2-6-2 制造费用分配表(一)

生产车间:基本生产二车间　　　　　　　　　　　　201×年10月31日

借方账户		生产工时/时	分配率/(元/时)	分配金额/元
总账账户	明细账户			
合计				

【解析】

$$制造费用分配率 = \frac{82\,620\,元}{9\,000\,时 + 7\,200\,时} = 5.1\,元/时$$

A产品应负担的制造费用 = 9 000时 × 5.1元/时 = 45 900元

B产品应负担的制造费用 = 7 200时 × 5.1元/时 = 36 720元

借:基本生产成本——A产品　　　　　　　　　　45 900
　　　　　　　　——B产品　　　　　　　　　　36 720
　　贷:制造费用——基本生产二车间　　　　　　　　　　　　82 620

编制好的制造费用分配表如表2-6-3所示。

表 2-6-3　制造费用分配表(二)

生产车间：基本生产二车间　　　　　　　201×年10月31日

借方账户		生产工时/时	分配率/(元/时)	分配金额/元
总账账户	明细账户			
基本生产成本	A产品	9 000		45 900
	B产品	7 200		36 720
合计		16 200	5.1	82 620

登记好的制造费用明细账如表2-6-4所示。

表 2-6-4　制造费用明细账(二)

车间：基本生产二车间　　　　　　　　　　　　　　　　　　　　　单位：元

摘要	材料费	电费	职工薪酬	折旧费	水费	办公费	其他	合计
分配材料费用	2 000							2 000
分配外购动力费用		22 500						22 500
分配职工薪酬费用			12 120					12 120
分配折旧费用				10 000				10 000
分配辅助生产费用					30 000			30 000
分配其他费用						5 000	1 000	6 000
本月合计	2 000	22 500	12 120	10 000	30 000	5 000	1 000	82 620
分配转出	2 000	22 500	12 120	10 000	30 000	5 000	1 000	82 620

2. 长江公司基本生产二车间生产A、B两种产品，201×年10月发生制造费用82 620元，该月生产A、B产品生产工人的工资分别为50 000元、40 000元。

要求：请采用生产工人工资比例法分配制造费用。

【解析】

$$制造费用分配率=\frac{82\ 620元}{50\ 000元+40\ 000元}=0.918\ 0元/元$$

A产品应负担的制造费用＝50 000元×0.918 0元/元＝45 900元

B产品应负担的制造费用＝40 000元×0.918 0元/元＝36 720元

3. 长江公司基本生产三车间201×年10月份发生制造费用65 180元，车间当月生产A产品所耗机器工时为2 000时，生产B产品所耗机器工时为1 200时。

要求：采用机器工时比例法分配制造费用(分配率保留4位小数，金额保留2位小数)。

【解析】

$$制造费用分配率=\frac{65\ 180元}{2\ 000时+1\ 200时}=20.368\ 8元/时$$

A产品应负担的制造费用＝2 000时×20.368 8元/工时＝40 737.60元

B产品应负担的制造费用＝65 180元－40 737.6元＝24 442.40元

◇小贴示

（1）企业可以根据实际情况选择合适的制造费用分配方法。制造费用分配方法一经确定，不得随意变更。

（2）在实际工作中，制造费用的归集是通过登记制造费用明细账完成的；通过编制"制造费用分配表"完成制造费用的分配并据此进行相关的账务处理。

边学边做

工作情境：某高新技术企业，设备自动化程度很高，制造费用在产品成本中所占比重较大（其中80%为生产设备的折旧费）。该企业201×年5月、6月甲产品成本资料如表2-6-5所示（注：在每月发生的制造费用中，折旧费为200 000元）。

表2-6-5 甲产品成本资料

月份	直接材料/元	燃料和动力/元	直接人工/元	制造费用/元	总成本/元	产量/件	单位成本/（元/件）
5	200 000	20 000	80 000	250 000	550 000	10 000	55
6	40 000	4 000	16 000	210 000	270 000	2 000	135

请思考：

（1）分别计算该企业5、6月份甲产品单位成本构成，说明造成甲产品单位成本波动的主要原因是什么。

（2）采用何种方式分配制造费用，可减轻其对产品单位成本的影响？

◇小贴示

由于产量不均衡及产品结构变化造成产品单位成本大幅波动的情况在实际工作中并不鲜见，如季节性生产企业及其他各月产量不均衡的企业。在此种情况下，应采用年度计划分配率分配法进行制造费用的分配。

案例

1. 东方工厂对制造费用采用年度计划分配率分配法进行分配。201×年该厂一车间全年计划发生制造费用180 000元，A、B产品计划产量分别为20 000件和5 000件。已知A、B产品的工时定额分别为5时/件和10时/件。

假定该车间201×年12月份实际发生制造费用16 580元，当月产品产量为A产品2 000件、B产品400件。

要求：采用年度计划分配率分配法分配12月份的制造费用。

【解析】

制造费用分配情况如下。

一车间制造费用年度计划分配率 = $\dfrac{180\,000\ 元}{20\,000\ 件 \times 5\ 时/件 + 5\,000\ 件 \times 10\ 时/件} = 1.2\ 元/时$

A 产品 12 月应负担的制造费用 =（2 000 件×5 时/件）×1.2 元/时=12 000 元

B 产品 12 月应负担的制造费用 =（400 件×10 时/件）×1.2 元/时=4 800 元

2. 假设东方工厂基本生产一车间本年实际发生制造费用 195 000 元，按年度计划分配率分配转出的制造费用共计 184 000 元（其中：A 产品 98 000 元、B 产品 86 000 元），制造费用账户年末的借方余额为 11 000 元。

要求：编制"制造费用差异额分配表"（见表 2-6-6），并编写相应的会计分录（分配率保留 4 位小数，金额保留 2 位小数）。

表 2-6-6 制造费用差异分配表（一）

车间名称：基本生产一车间

应借科目		年度计划分配总额/元	分配率/(元/元)	分配金额/元
总账科目	明细科目			
合计				

【解析】

制造费用差异分配率 = $\dfrac{11\,000\ 元}{98\,000\ 元 + 86\,000\ 元} = 0.059\,8\ 元/元$

A 产品年末应负担制造费用差异额=98 000 元×0.059 8 元/元=5 860.40 元

B 产品年末应负担制造费用差异额=11 000 元-5 860.40 元=5 139.60 元

编制好的制造费用差异额分配表如表 2-6-7 所示。

表 2-6-7 制造费用差异分配表（二）

车间名称：基本生产一车间

应借科目		年度计划分配总额/元	分配率/(元/元)	分配金额/元
总账科目	明细科目			
基本生产成本	A 产品	98 000.00		5 860.40
	B 产品	86 000.00		5 139.60
合计		184 000.00	0.059 8	11 000.00

年末调整差异额的会计分录：

借：基本生产成本——A 产品 　　　　5 860.40
　　　　　　　　　——B 产品 　　　　5 139.60
　　贷：制造费用——基本生产一车间 　　　　11 000

【上岗一试】

以模块 1 项目 1.1 中飞跃轮胎有限责任公司的资料为依据，完成以下工作任务。

（1）在"制造费用明细账"（见表 1-3-5）中汇总内胎车间 2 月份发生的制造费用。

(2) 将"制造费用明细账"中所归集的制造费用,采用生产工人工时比例法编制"制造费用分配表"(见表 2-6-8),并据此编写会计分录(分配率保留 4 位小数,金额保留 2 位小数)。

(3) 登记明细账(见表 1-3-1、表 1-3-2、表 1-3-5)。

表 2-6-8 制造费用分配表(三)

部门:内胎车间　　　　　　　　　　　201×年 2 月

产品名称	生产工时/时	分配率/(元/时)	分配金额/元
自行车内胎			
摩托车内胎			
合计			

会计分录:

 知识巩固

一、单项选择题

1. 机器工时比例法适用于(　　)。
 A. 季节性生产的车间　　　　　　　B. 制造费用较多的车间
 C. 手工程度较高的车间　　　　　　D. 机械化程度较高的车间

2. 按年度计划分配率分配制造费用的方法适用于(　　)。
 A. 制造费用数额较大的企业　　　　B. 季节性生产的企业
 C. 基本生产车间规模较小的企业　　D. 制造费用数额较小的企业

3. 下列方法中,(　　)不是分配制造费用常用的方法。
 A. 生产工人工时比例法　　　　　　B. 年度计划分配率分配法
 C. 定额消耗量比例法　　　　　　　D. 机器工时比例法

4. 除按年度计划分配率分配制造费用以外,制造费用账户月末(　　)。
 A. 没有余额　　　　　　　　　　　B. 一定有借方余额
 C. 一定有贷方余额　　　　　　　　D. 有借方或贷方余额

5. 制造费用账户上所归集的各种间接生产费用(　　)。
 A. 是产品成本的组成部分　　　　　B. 不是产品成本的组成部分
 C. 月末直接转入本年利润科目　　　D. 月末直接转入库存商品科目

6. 制造费用的归集和分配是通过(　　)账户进行的。
 A. 基本生产成本　　B. 制造费用　　C. 本年利润　　D. 库存商品

二、多项选择题

1. 制造费用的分配方法有(　　)。

A. 生产工人工时比例法   B. 机器工时比例法
C. 交互分配法   D. 计划成本分配法

2. 下列项目中,属于制造费用所属项目的有( )。
A. 生产车间的保险费   B. 厂部办公楼折旧
C. 生产车间管理人员的薪酬   D. 季节性停工损失

三、计算题

1. 基本生产车间生产甲产品、乙产品、丙产品,生产工人工时分别为 1 500 时、2 500 时、2 000 时,某月该车间发生的制造费用为 26 860 元。

要求:

(1) 采用生产工人工时比例法分配制造费用;

(2) 编制"制造费用分配表"(见表 2-6-9);

(3) 编写分配制造费用的会计分录。

表 2-6-9 制造费用分配表(四)

车间:基本生产车间

产品名称	生产工时/时	分配率/(元/时)	分配金额/元
合计			

2. 某企业有一个基本生产车间,全年制造费用计划发生额为 83 200 元,全年各种产品的计划产量为甲产品 1 500 件、乙产品 1 000 件、丙产品 500 件;产品的工时定额分别为甲产品 4 时/件、乙产品 6 时/件、丙产品 8 时/件。该企业 8 月份的实际产量为甲产品 200 件、乙产品 150 件、丙产品 90 件。该企业该月实际发生的制造费用为 5 200 元,制造费用账户月初有借方余额 800 元。

要求:

(1) 采用年度计划分配率分配法计算 8 月份甲、乙、丙三种产品各自应负担的制造费用;

(2) 编写 8 月份分配制造费用的会计分录;

(3) 采用 T 形账户计算 8 月末制造费用账户的余额。

拓展训练

1. 实训目的

通过实训,能熟练进行制造费用的归集和分配、填制制造费用分配表、登记制造费用明细账。

2. 实训资料

(1) 企业概况:红星工厂是一家生产办公桌的厂家,为增值税一般纳税人,设有一个基本生产车间和一个辅助生产车间,主要生产 1 号办公桌和 2 号办公桌,制造费用的分配采用生产工人工时比例法。

(2) 201×年 10 月,红星工厂基本生产车间发生的有关制造费用的经济业务如下:

① 生产车间购置办公用品费用情况如表2-6-10和表2-6-11所示。

表2-6-10　货物销售发票（一）

发票联

发票代码1123434

客户名称：红星工厂　　　　　　201×年10月3日　　　　　　发票号码38667

货物名称	规格	单位	数量	单价	金额							
					十万	万	千	百	十	元	角	分
办公用品							3	2	0	0	0	0

金额合计	
（大写）⊗拾⊗万 叁 仟 贰 佰 零 拾 零 元 零 角 零 分	￥3 200.00

开票单位（章）　　　　　　　　　　　　　　　　　　　　　　　开票人：张红

表2-6-11　转账支票存根（一）

中国工商银行
转账支票存根
No 123571

科目：_____
对方科目_____
签发日期201×年10月3日
收款人：人民商场
金额：￥3 200.00
用途：购办公用品
备注：

单位主管　　　会计
复核　　　　　记账

② 报销差旅费如表2-6-12所示。

表2-6-12　差旅费报销单

部门：基本生产车间　　　　　　201×年10月10日　　　　　　金额单位：元

出差人		王义			出差事由				开会		
出发			到达		交通工具	车船费		出差补贴		其他费用	
月	日	地点	月	日	地点		单据张数	金额	天数	金额	项目	单据张数	金额
10	5	石家庄	10	8	南京	火车	6	520	3	60	住宿费	1	600
											市内车费		

续表

出差人		王义		出差事由				开会			
出发			到达		交通工具	车船费		出差补贴		其他费用	
月	日	地点	月	日	地点		单据张数	金额	天数	金额	项目	单据张数	金额
											邮电费		120
											办公用品费		400
合计							6	520	3	60	其他		1 120
报销总额		（大写）⊗壹仟柒佰零拾零元零角零分 ￥1 700.00						预借旅费	2 000.00		补领金额		
											归还金额		300.00

部门负责人：　　　　　　　　　　　稽核：　　　　　　　　　　报销人：

③购劳保用品费用情况如表2-6-13和表2-6-14所示。

表2-6-13　货物销售发票（二）

发票联　　　　　　　　　　发票代码1123491

客户名称：红星工厂　　　　201×年10月12日　　　　发票号码13467

货物名称	规格	单位	数量	单价	金额							
					十	万	千	百	十	元	角	分
劳保用品						2	0	0	0	0	0	0
金额合计												
（大写）人民币⊗拾　贰　万　零　仟　零　佰　零　拾　零　元　零　角　零　分　　￥20 000.00												

开票单位（章）　　　　　　　　　　　　　　　　　　　　　　　开票人：张红

表2-6-14　转账支票存根（二）

中国工商银行
转账支票存根
No 123573

科目：
对方科目：
签发日期201×年10月12日
收款人：北国超市
金额：￥20 000.00
用途：购劳保用品
备注：

单位主管　　　会计
复核　　　　　记账

④外购动力费用分配如表2-6-15所示。

表 2-6-15　外购电费分配表

201×年 10 月 31 日　　　　　　　　　　　　　　　　　　金额单位:元

总账科目	明细科目	工艺用电	照明用电	合计
基本生产成本	1号办公桌	8 600		
	2号办公桌	3 400		
	小计	12 000		
辅助生产成本	供水车间	13 000		
制造费用	基本生产车间		3 000	
管理费用			3 000	
合计		25 000	6 000	31 000

⑤材料费用分配如表 2-6-16 所示。

表 2-6-16　材料费用分配表(五)

201×年 10 月 31 日　　　　　　　　　　　　　　　　　　金额单位:元

| 总账科目 | 明细科目 | 直接耗用材料 | 共同耗用材料 | | | 合计 |
			定额耗用量	分配率	分配费用	
基本生产成本	1号办公桌	30 000	20 000		20 000	50 000
	2号办公桌	40 000	30 000		30 000	70 000
	小计	70 000	50 000	1	50 000	120 000
辅助生产成本	供水车间	8 700				8 700
制造费用	基本生产车间	3 900				3 900
管理费用		2 000				2 000
合计		86 400			50 000	134 600

⑥职工薪酬费用分配如表 2-6-17 所示。

表 2-6-17　职工薪酬费用分配表

201×年 10 月 31 日　　　　　　　　　　　　　　　　　　金额单位:元

| 会计科目 | 分配对象 | 工资 | | |
	明细科目	生产工时	分配率	金额
基本生产成本	1号办公桌	20 000		38 000
	2号办公桌	30 000		57 000
	小计	50 000	1.9	95 000
辅助生产成本	供水车间			2 000
制造费用	基本生产车间			10 000
管理费用				11 000
销售费用				11 000
合计				129 000

⑦折旧费用分配如表2-6-18所示。

表2-6-18 折旧费用分配表

201×年10月31日　　　　　　　　　　　　　　　　　　　　金额单位：元

会计科目	明细科目	费用项目	折旧额
制造费用	基本生产车间	折旧费	6 000
辅助生产成本	供水车间	折旧费	1 800
管理费用		折旧费	400
合计		折旧费	8 200

⑧辅助生产费用的分配如表2-6-19所示。

表2-6-19 辅助生产费用分配表（二）

201×年10月31日　　　　　　　　　　　　　　　　　　　　金额单位：元

辅助生产车间	待分配的费用额	应分配的劳务量	单位成本	各受益部门的分配额								金额合计
				1号办公桌		2号办公桌		基本生产车间		行政管理部门		
				数量	金额	数量	金额	数量	金额	数量	金额	
供水车间	58 000	23 200	2.5	10 000	25 000	10 000	25 000	2 000	5 000	1 200	3 000	58 000

3. 实训程序及要求

（1）设置制造费用明细账（见表2-6-20），按照基本生产车间进行明细核算。

（2）根据201×年10月发生业务编制会计分录。

（3）登记制造费用——基本生产车间明细账（见表2-6-20）。

（4）编制"制造费用分配表"（见表2-6-21），并据此编写会计分录、登记制造费用明细账（分配率保留4位小数，金额保留2位小数，尾差挤入2号办公桌）。

表2-6-20 制造费用明细账（三）

车间：

年		凭证字号	摘要	借方					
月	日			材料费	职工薪酬	折旧费	劳保费	其他	合计

续表

年		凭证字号	摘要	借方					
月	日			材料费	职工薪酬	折旧费	劳保费	其他	合计

表 2-6-21 制造费用分配表(五)
年   月   日

总账科目	明细科目	生产工时/时	分配率	分配金额/元
基本生产成本	1号办公桌			
基本生产成本	2号办公桌			
合计				

会计分录：

4. 实训安排

此项目实训由成本核算员1人独立完成，共需2课时。

项目2.7 损失性费用的归集和分配

温馨提示

企业在产品生产过程中，生产组织不合理、经营和管理不善、生产工人未执行技术操作规程等原因不可避免地造成人力、物力和财力上的损失。对这类损失性费用进行核算，也是成本核算工作细化的一种表现。下面我们一起来学习吧！

学习目标

通过对本项目的学习，你应该：

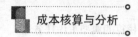

1. 知道损失性费用的主要内容；
2. 能在废品损失单独核算的情况下，设置废品损失账户并正确进行废品损失的归集和分配；
3. 能在停工损失单独核算的情况下，设置停工损失账户并正确进行停工损失的归集和分配；
4. 学会编制"废品损失计算表"，并能根据该表和有关资料编制会计分录、登账。

损失性费用是指在生产过程中发生的不能正常产出的各种耗费。本项目仅涉及废品损失与停工损失的核算。

2.7.1 废品损失

1. 废品及废品损失

1) 废品

废品是指不符合规定的技术标准，不能按原定用途使用，或需要加工修理后才能正常使用的在产品、半成品、产成品。废品包括生产过程中发现的废品和入库时发现的废品。废品按照技术上修复的可能性和修复价值分为可修复废品和不可修复废品。可修复废品是指技术上可以修复，而且所花费的修复费用在经济上合算的废品。不可修复废品是指在技术上无法修复，或修复成本过大，在经济上不合算的废品。

2) 废品损失

废品损失是指由于产生废品而发生的损失，包括可修复废品损失和不可修复废品损失。

(1) 可修复废品损失。

可修复废品损失是指在修复过程中发生的各项修复费用（一般包括修复期间发生的直接材料、燃料和动力、直接人工和应分担的制造费用），扣除回收的残料价值和应收赔款后的净损失。可修复废品返修前发生的生产费用不属于废品损失，应留在基本生产成本账户和相关的明细账户中。根据各项分配率计算得出的返修过程中发生的生产费用，应计入废品损失账户的借方。如果有收回的残料价值和责任人赔偿款，则计入废品损失账户的贷方。废品损失账户的借方余额作为废品净损失从废品损失账户的贷方转入基本成产成本账户的借方，作为废品损失成本项目单独反映。

(2) 不可修复废品损失。

不可修复废品损失是指不可修复废品所耗用的生产成本，扣除回收的残料价值和应收赔款后的净损失。不可修复废品的成本与同种合格产品的成本是同时发生的，并已归集计入该种产品的基本生产成本明细账中。为了归集和分配不可修复废品损失，必须先计算废品成本，将废品损失从该种产品总成本中分离出来。不可修复废品的生产成本可以按照实际成本计算，也可以按计划成本计算。在实际工作中，为了简便，一般按照计划成本计算不可修复废品的生产成本。计算得出的废品生产成本，应从基本生产成本账户贷方转出，转入废品损失账户的借方。如果有收回的残料价值和责任人赔偿款，则记入废品损失账户的贷方。废品损失账户的借方余额作为废品净损失从废品损失账户的贷方转回到基本生产成本账户的借方，列入废品损失成本项目反映。

废品净损失＝(不可修复废品的生产成本＋可修复废品的修复费用)
　　　　　－应收过失人赔款－废品的残值

需要说明的是,企业下列损失不作为废品损失处理。

①经质量检验部门鉴定不需要返修可降价出售的不合格品,其降价损失作为销售损益体现。

②产品入库后,保管不善等原因使产品损坏变质而发生的损失属于管理问题,应作为管理费用或其他应收款处理。

③企业因实行"三包"而发生的三包损失,作为管理费用处理。

2. 废品损失的核算

计算废品损失的原始凭证主要是"废品通知单"(见表2-7-1)。"废品通知单"由企业质量检验部门在发现废品时填制,也可以由生产废品的生产部门填制。该单一般分三联,一联由生产部门存查,一联交质量检验部门,一联交会计部门核算废品损失。

废品损失的核算以企业质量检验部门填制并审核后的"废品损失通知单"为原始凭证,发生的废品损失原则上由本期同种合格产品成本负担。企业对废品损失的具体处理方法有两种。大、中型复杂生产的企业在产品生产中易产生废品,为了加强对废品损失的管理与控制,应单独核算废品损失。此时应开设废品损失账户,同时在基本生产成本明细账中,增设废品损失成本项目,以单独体现废品损失的金额。废品损失账户的借方登记不可修复废品的生产成本和可修复废品的修复费用,贷方登记废品残料回收价值、责任人赔款及分配转出的废品净损失,分配后该账户无余额。废品损失账户按车间及产品名称设置明细账进行明细核算。废品较少且损失不大的企业,为了简化核算程序,采用不单独核算废品损失的方法,将可修复废品的修复费用直接计入生产成本的有关成本项目;不可修复废品只扣除产量,不结转生产成本;废品的残料价值和过失人赔款可直接冲减相应的基本生产成本明细账中的直接材料、直接人工等成本项目。

表 2-7-1　废品通知单

车间:铸造车间　　　　　　　　　　　　　　　　　　　　　　　　　　　　编号:03-126
生产班组:1　　　　　　　　　　　201×年3月　　　　　　　　开工日期:201×.3.10

原工作通知单号	零件		工序	计量单位	工时定额	每工时加工单价		废品数量		
	名称	编号				人工	制造费用	工废	料废	退修
301	A产品	0312	1	件				5	0	5
废品原因										
工废工件			砂眼、气孔、飞边							
退修工件			通过添加填补剂打磨修复							
责任者			追偿废品				备注			
姓名	工种	工号	数量	单价	金额					
李明	砂型	985	5	60	300					

检验员:王军　　　　　　　　生产班组长:赵刚　　　　　　　　　　　责任人:李明

2.7.2 停工损失

停工损失是指生产车间或车间内某个班组在非季节性停工期间发生的各项费用,包括停工期间消耗的燃料和动力、职工薪酬和制造费用。由过失方或者保险公司支付的赔偿款应从停工损失中扣除。为了简化核算工作,停工不足1个工作日,通常不计算停工损失。企业发生停工,由生产车间将停工范围、起止时间、停工原因、过失方等情况在"停工单"中加以记录,送会计部门审核后,作为计算停工损失的原始依据。

为了单独核算停工损失,可专设停工损失账户,并在基本生产成本明细账中增设停工损失成本项目。停工损失账户的借方归集本月发生的停工损失,贷方登记分配结转的停工净损失,分配后该账户一般无余额。该账户按生产车间分户进行明细分类核算。

1. A企业一车间生产的甲产品中经质检部门检验发现,有10件产品出现不同程度的质量问题,这些问题产品经过修复后还可以继续进行销售,因此确定为可修复废品。修复该产品领用材料600元、耗用工时100时。企业人工费用分配率为5.50元/时,制造费用分配率为2.50元/时。在修复过程中,收回残料价值20元,责任人赔偿150元。A企业单独核算废品损失,问应如何分配废品损失?请填写可修复废品计算表(见表2-7-2),并编写会计分录。

表2-7-2 可修复废品损失计算表(一)

车间:一车间

项目	废品数量/件	直接材料		生产工时/时	直接人工		制造费用		金额合计/元
		分配率/(元/时)	分配额/元		分配率/(元/时)	分配额/元	分配率/(元/时)	分配额/元	
废品修复费用									
减:残值									
减:责任人赔偿									
废品净损失									

【解析】

分配计算如下:

$$材料费用 = 600 元$$
$$人工费用 = 100 时 \times 5.50 元/时 = 550 元$$
$$制造费用 = 100 时 \times 2.50 元/时 = 250 元$$
$$修复费用总额 = 600 元 + 550 元 + 250 元 = 1\,400 元$$
$$废品净损失 = 1\,400 元 - 20 元 - 150 元 = 1\,230 元$$

在实际工作中,归集和分配废品损失是通过编制"废品损失计算表"进行的。本案例编制好的可修复废品损失计算表如表2-7-3所示。

表 2-7-3　可修复废品损失计算表(二)

车间:一车间

项目	废品数量/件	直接材料		生产工时/时	直接人工		制造费用		金额合计/元
		分配率/(元/时)	分配额/元		分配率/(元/时)	分配额/元	分配率/(元/时)	分配额/元	
废品修复费用	10	600	100	5.50	550	2.50	250		1 400
减:残值			20						20
减:责任人赔偿						150			150
废品净损失			580			400		250	1 230

根据表 2-7-3 编制会计分录如下。

(1) 归集和分配修复费用。

　　借:废品损失——一车间(甲产品)　　　　　　　　1 400
　　　贷:原材料　　　　　　　　　　　　　　　　　　600
　　　　 应付职工薪酬　　　　　　　　　　　　　　　550
　　　　 制造费用——一车间　　　　　　　　　　　 250

(2) 应收责任人赔款和回收材料残值。

　　借:原材料　　　　　　　　　　　　　　　　　　 20
　　　 其他应收款　　　　　　　　　　　　　　　　 150
　　　贷:废品损失——一车间(甲产品)　　　　　　　 170

(3) 结转废品净损失。

　　借:基本生产成本——甲产品　　　　　　　　　　1 230
　　　贷:废品损失——一车间(甲产品)　　　　　　　1 230

2. 在 B 企业二车间生产的乙产品中,经质检部门的检验发现,10 件产品出现不同程度的质量问题,经确定为不可修复废品,予以报废。到报废时材料已全部投入,其他费用按照计划成本的 50% 计算。乙产品的单位计划成本为:直接材料 60 元/件、直接人工 30 元/件、制造费用 10 元/件。在报废过程中,收回残料价值 75 元,责任人赔偿 100 元。B 企业单独核算废品损失,应如何分配废品损失? 请填写不可修复废品计算表(见表 2-7-4),并编写会计分录。

表 2-7-4　不可修复废品损失计算表(一)

车间:二车间

项目	废品数量/件	直接材料		直接人工		制造费用		金额合计/元
		分配率/(元/件)	分配额/元	分配率/(元/件)	分配额/元	分配率/(元/件)	分配额/元	
废品生产成本								
减:收回残值								
减:责任人赔偿								
废品净损失								

【解析】

分配计算如下。

材料费用＝(60元/件×10件)×100％＝600元

人工费用＝(30元/件×10件)×50％＝150元

制造费用＝(10元/件×10件)×50％＝50元

废品生产成本总额＝600元＋150元＋50元＝800元

废品净损失＝800元－75元－100元＝625元

本案例编制好的不可修复废品损失计算表如表2-7-5所示。

表 2-7-5　不可修复废品损失计算表(二)

车间：二车间

项目	废品数量/件	直接材料		直接人工		制造费用		金额合计/元
		分配率/(元/件)	分配额/元	分配率/(元/件)	分配额/元	分配率/(元/件)	分配额/元	
废品生产成本	10	60×100％	600	30×50％	150	10×50％	50	800
减：收回残值			75					75
减：责任人赔偿					100			100
废品净损失			525		50		50	625

根据表2-7-5编制会计分录如下。

(1) 转出不可修复废品成本。

　　借：废品损失——二车间（乙产品）　　　　800
　　　　贷：基本生产成本——乙产品　　　　　　　　800

(2) 材料残值和应收过失人赔款。

　　借：原材料　　　　　　　　　　　　　　75
　　　　其他应收款　　　　　　　　　　　　100
　　　　贷：废品损失——二车间（乙产品）　　　　　175

(3) 结转废品净损失。

　　借：基本生产成本——乙产品　　　　　　625
　　　　贷：废品损失——二车间（乙产品）　　　　　625

请思考：

(1) 可修复废品与不可修复废品最终的归属有何不同？

(2) 企业单独核算废品损失的目的是什么？

(3) 单独核算废品损失，当发现不可修复废品时，必须采用一定方法确定废品的成本并从基本生产成本账户转入废品损失账户，而可修复废品的成本则不予转出，你知道为什么吗？

(4) 废品损失的核算必须设废品损失账户吗？如果不设废品损失账户，废品损失应该如何处理？

(5) 由于产生了废品，最终基本生产成本账户汇集的产品总成本金额可能会因此而减少吗？单位产品成本的变动会是怎样的一种趋势？

总结归纳：请对上述案例1、案例2的工作过程进行认真梳理，填写图2-7-1中(1)、(2)、(3)、

(4)所代表的业务内容。

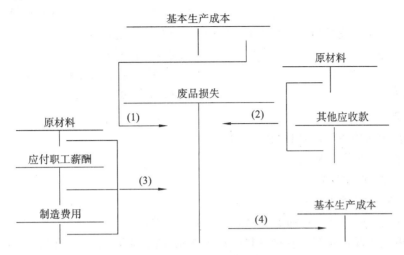

图 2-7-1 废品损失业务核算流程

3. C 企业第二车间因外部供电线路故障停工 2 天,停工期间应付工人工资 5 000 元,应负担制造费用 500 元。经确认此次停工属非正常停工,经交涉,供电局同意赔偿 4 000 元,其余损失计入营业外支出。请根据上述资料,编写会计分录。

【解析】

(1)发生停工损失。

  借:停工损失——第二车间   5 500
    贷:应付职工薪酬   5 000
     制造费用——第二车间   500

(2)结转停工损失。

  借:营业外支出   1 500
    其他应收款——供电局   4 000
    贷:停工损失——第二车间   5 500

◇ 小贴示

>   停工损失的处理因停工原因不同而不同。因停工待料、机器故障等造成的停工损失,计入产品成本;非常灾害造成的停工损失,计入营业外支出。不单独核算停工损失的企业,停工期间发生的停工损失应视具体情况分别计入制造费用和营业外支出。

 知识巩固

一、单项选择题

1. 废品净损失( )。
 A. 由营业外支出负担   B. 由其他业务成本负担
 C. 由同种合格产品成本负担   D. 不予核算

2. 不可修复废品的生产成本为 1 000 元,可修复废品的加工费用为 600 元,则废品损失应为( )。

A. 1 000元 　　　　B. 600元 　　　　C. 1 600元 　　　　D. 400元

3. 结转不可修复废品的生产成本时,应编制的会计分录是( )。

A. 借:废品损失
   贷:原材料等

B. 借:废品损失
   贷:基本生产成本

C. 借:其他应收款
   贷:废品损失

D. 借:基本生产成本
   贷:废品损失

4. 可修复废品的废品损失是指( )。

A. 返修前发生的原材料费用

B. 返修前发生的制造费用

C. 返修中发生的修理费用

D. 返修前发生的生产费用加上返修后发生的修理费用

5. 不可修复废品应负担的直接材料成本600元、制造费用100元、直接人工成本200元,残料价值150元,应收赔款300元,其报废净损失应为( )元。

A. 450元 　　　　B. 900元 　　　　C. 1 350元 　　　　D. 750元

二、多项选择题

1. 计算不可修复废品的净损失,应考虑的因素有( )。

A. 不可修复废品的成本

B. 不可修复废品的修复费用

C. 回收废料的价值

D. 过失人的赔款

2. 下列应计入产品成本的废品损失有( )。

A. 生产加工原因造成的废品损失

B. 原材料原因造成的废品损失

C. 入库后保管不善造成的废品损失

D. "三包"损失

3. 废品损失账户的借方应登记( )。

A. 可修复废品的生产成本

B. 不可修复废品的生产成本

C. 回收残料价值

D. 可修复废品的修复费用

4. 可修复废品必须具备的条件有( )。

A. 在技术上可以修复

B. 在经济上划算

C. 不管修复成本是多少

D. 有残料价值

三、判断题

1. 可修复废品返修以前发生的生产费用不属于废品损失。( )

2. 可修复废品就是指技术上可以修复的废品。( )

3. 不可修复废品是指技术上已不能修复或技术上虽能修复,但支付的修复费不经济的废品。( )

4. 不可修复废品的生产成本只能按废品所耗实际费用计算。( )

5. 企业无论什么环节发现的废品,其损失都应计入废品损失核算。( )

四、计算题

1. 某厂第二生产车间本月生产过程中产生不可修复废品60件,所耗的直接材料21 600元、直接人工23 568元、制造费用17 676元。废品残料价值为510元(已入库),决定由过失人赔偿200元(该厂单独核算废品损失)。

要求：
(1) 计算并结转不可修复废品的生产成本。
(2) 编写会计分录：①收回废品残料价值；②应由过失人赔款；③计算并结转废品净损失。

2. 某厂生产乙产品中发现可修复废品 40 件。修复时领用材料 4 000 元、人工费 6 270 元、应承担的制造费用 3 000 元，决定由责任人赔款 600 元(该厂单独核算废品损失)。

要求：
(1) 计算废品的修复费用和净损失。
(2) 编写相关的会计分录。

3. 某企业第一基本生产车间生产甲产品，某月投产 200 件，完工验收入库时发现合格品 180 件、不合格品 20 件(不可修复废品)。合格品的生产工时为 5 400 时、不合格品的生产工时为 600 时。甲产品基本生产成本明细账中所列示的 200 件产品的生产费用为：直接材料 50 000 元、直接人工 24 000 元、燃料和动力 6 000 元、制造费用 12 000 元。不合格品有残料价值 800 元。

要求：编制"不可修复废品损失计算表"(见表 2-7-6)。

表 2-7-6　不可修复废品损失计算表(三)

车间：第一基本生产车间

项目	产量/件	直接材料/元	生产工时/时	直接人工/元	燃料和动力/元	制造费用/元	金额合计/元
生产费用							
分配率							
废品成本							
减少：残料价值							
废品净损失							

项目 2.8　生产费用在完工产品与在产品之间的分配

温馨提示

项目 2.1 至项目 2.7 完成了各项费用的归集和分配，期末，对于归集在基本生产成本明细账上的生产费用，采用什么方法分配，才能计算出本月完工产品成本和月末在产品成本呢？做完项目 2.8，你就会明白了！

学习目标

通过对本项目的学习，你应该：

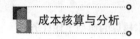

1. 知道生产费用分配的主要方法及其适用范围；
2. 会将基本生产成本账户所归集的生产费用，根据企业具体情况选择适当方法在完工产品与在产品之间进行分配，计算完工产品总成本和单位成本；
3. 会填制产品成本计算单；
4. 能够进行完工产品入库的账务处理。

2.8.1 在产品的概念和数量的确定

1. 概念

在产品是指企业已经投入生产，但尚未完工，不能作为商品出售的产品。在产品有广义的在产品和狭义的在产品之分。

（1）广义的在产品。

广义的在产品是指没有完成全部生产过程，不能作为商品销售的产品，包括正在车间加工中的在产品和已经完成一个或几个生产步骤但还需继续加工的半成品。

（2）狭义的在产品。

狭义的在产品是指只包括该车间或该生产步骤正在加工中的那部分在产品，该车间或生产步骤完工的半成品不包括在内。

2. 数量的确定

在产品数量是核算在产品成本的基础。企业必须加强在产品的实物管理，取得准确的在产品数量。在会计工作中，在产品数量通常是借助在产品台账和实地盘点资料来确定的。

2.8.2 生产费用在完工产品与在产品之间的分配

通过前述对各项生产费用的归集和分配，应计入产品成本的直接材料、燃料和动力、直接人工、制造费用等生产费用都已按成本项目全部反映在了基本生产成本明细账的借方。此时，如果产品已经全部完工，基本生产成本明细账中归集的生产费用之和就是该种产品的成本；如果产品都未完工，基本生产成本明细账归集的生产费用之和就是该种产品的在产品成本；如果既有完工产品又有在产品，基本生产成本明细账中归集的生产费用之和，则需要在完工产品与月末在产品之间采用适当的方法进行分配，以计算完工产品成本和月末在产品成本。

公式1：

月初在产品成本＋本月发生的生产费用＝本月完工产品成本＋月末在产品成本

公式2：

本月完工产品成本＝（月初在产品成本＋本月发生的生产费用）－月末在产品成本

公式3：

产品成本＝直接材料＋燃料和动力＋直接人工＋制造费用＋其他成本项目（废品损失等）

◇小贴示

> 月初在产品成本与本月发生的生产费用之和就是本月产品（包括完工产品和月末在产品）的生产成本合计数，也即本月基本生产成本明细账借方归集的全部生产费用。一般而言，本月月末的在产品成本就是下月月初的在产品成本。

生产费用在完工产品与在产品之间的分配方法有以下几种。

1. 不计算在产品成本法

不计算在产品成本法是指对月末在产品成本忽略不计,当月账内归集的生产费用全部由当月完工产品成本负担的一种方法。此方法适用于月末在产品数量少、价值低,且各月变动不大的企业。

2. 在产品按完工产品成本计价法

在产品按完工产品成本计价法是指将在产品视同完工产品,即按在产品和完工产品的数量比例分配生产费用计算完工产品成本的方法。此方法适用于月末在产品已经接近完工,只是尚未包装或尚未验收入库的产品。

3. 在产品按年初固定成本计价法

在产品按年初固定成本计价法是指对年内各月的在产品成本都按年初在产品成本计算的方法。此方法适用于各月末在产品数量较少,或者在产品数量虽大,但各月之间变化不大,月初、月末在产品成本差额较小的情况。

采用此方法,年末需要根据盘点数量,重新确定年末在产品成本作为次年在产品计价的依据。

4. 在产品按所耗直接材料成本计价法

在产品按所耗直接材料成本计价法是指月末在产品只计算其耗用的直接材料费用,不计算直接人工和制造费用等,即产品的其他费用全部由完工产品成本负担的方法。在产品按所耗直接材料成本计价法的计算公式为

$$本月完工产品成本=月初在产品材料成本+本月发生的生产费用-月末在产品材料成本$$

此方法适用于各月末在产品数量较多、变化较大且材料费用在产品成本中所占比重较大的产品。

5. 约当产量比例法

约当产量比例法是指按照完工产品的产量和月末在产品约当产量的比例分配生产费用,计算完工产品成本和月末在产品成本的一种方法。其中,在产品的约当产量是指将在产品按其投料程度(或加工程度)折算成相当于完工产品的数量。此方法适用于月末在产品数量较多,各个月份之间月末在产品数量变化较大,并且产品成本中直接材料费和直接人工费等成本项目耗费的比重相差不大的产品。约当产量比例法的计算公式为

$$在产品约当产量=在产品数量 \times 在产品投料程度(或加工程度)$$

$$某成本项目费用分配率=\frac{月初在产品成本+本月发生的生产费用}{本月完工产品产量+月末在产品约当产量}$$

完工产品负担的该成本项目费用额=完工产品产量×该成本项目费用分配率

在产品负担的该成本项目费用额=在产品约当产量×该成本项目费用分配率

需要说明的是,由于产品在生产加工过程中加工程度和投料情况的不同,必须按成本项目分别计算在产品的约当产量。要正确计算在产品的约当产量,首先要确定在产品的投料程度(或投料率)和加工程度(或加工率)。分配直接材料时,约当产量按投料程度折算;分配其他成本项目时,约当产量按加工程度折算。

◇ 小贴示

(1) 投料程度又叫投料率,是指在产品已投入的材料费用(或数量)与完工产品应投入的材料费用(或数量)的比率,通常用百分数表示。投料程度的计算公式为

$$投料程度(或投料率) = \frac{在产品已投入的材料费用(或数量)}{完工产品应投入的材料费用(或数量)} \times 100\%$$

注:在实际工作中,公式中的材料费用通常为材料的定额费用。

(2) 加工程度又叫完工率,是指在产品已投入工时与完工产品应投入工时的比率,通常用百分数表示。加工程度的计算公式为

$$加工程度(或完工率) = \frac{在产品已投入工时}{完工产品应投入工时} \times 100\%$$

6. 在产品按定额成本计价法

在产品按定额成本计价法是指根据月末在产品实际结存数量和单位成本定额,先计算出月末在产品的定额成本,再用全部生产费用减去月末在产品定额成本后的余额作为完工产品成本的一种方法。此方法适用于定额管理基础较好,各项消耗定额和费用定额制定得比较准确、稳定,各月在产品数量变化不大的产品。

7. 定额比例法

定额比例法是指将生产费用按完工产品与月末在产品定额耗用量或定额费用、定额工时的比例进行分配的方法。其中直接材料费用按直接材料的定额耗用量或定额费用的比例分配;直接人工、制造费用等其他生产费用,按定额工时或定额费用比例分配。此方法适用于定额管理基础较好,各项消耗定额或定额成本比较准确、稳定,但各月末在产品数量变化较大的企业。定额比例法的计算公式如下。

(1) 直接材料费用计算公式。

$$直接材料费用分配率 = \frac{月初在产品直接材料费用 + 本月发生的直接材料费用}{完工产品定额耗用量或定额直接材料费用 + 月末在产品定额耗用量或定额直接材料费用}$$

完工产品负担的直接材料费 = 完工产品定额耗用量或定额直接材料费用 × 直接材料费用分配率

月末在产品负担的直接材料费 = 月末在产品定额耗用量或定额直接材料费用 × 直接材料费用分配率

(2) 直接人工费用计算公式。

$$直接人工费用分配率 = \frac{月初在产品直接人工费用 + 本月发生的直接人工费用}{完工产品定额工时或定额直接人工费用 + 月末在产品定额工时或定额直接人工费用}$$

完工产品负担的直接人工费 = 完工产品定额工时或定额直接人工费用 × 直接人工费用分配率

月末在产品负担的直接人工费 = 月末在产品定额工时或定额直接人工费用 × 直接人工费用分配率

(3) 制造费用计算公式。

$$制造费用分配率 = \frac{月初在产品制造费用 + 本月发生的制造费用}{完工产品定额工时或定额制造费用 + 月末在产品定额工时或定额制造费用}$$

完工产品负担的制造费用 = 完工产品定额工时或定额制造费用 × 制造费用分配率
月末在产品负担的制造费用 = 月末在产品定额工时或定额制造费用 × 制造费用分配率
其他成本项目计算公式略。

◇ 小贴士

> 在成本计算工作中,生产费用在完工产品与月末在产品之间的分配,是一项重要而复杂的工作。可供选择的方法很多,企业应当根据产品的生产特点、企业管理的具体要求和实际情况,根据重要性原则,选择既合理又简便的分配方法。

边学边做

美达文具厂生产甲、乙、丙、丁四种文具。美达文具厂201×年4月份月初及本月生产量、费用资料如下。

(1) 本月完工产品和月末在产品产量如表2-8-1所示。

表2-8-1 完工产品和月末在产品产量

产品	完工产品数量/件	在产品	
		数量/件	加工程度/(%)
甲	20 000	5	5
乙	40 000	100	99
丙	50 000	10 000	70
丁	80 000	20 000	60

(2) 月初在产品成本及本月发生的生产费用如表2-8-2所示。

表2-8-2 月初在产品成本及本月发生的生产费用(一)

项目	月初在产品成本/元				本月发生的生产费用/元			
	甲	乙	丙	丁	甲	乙	丙	丁
直接材料		330 300	192 000	56 000	84 567	920 200	432 000	244 000
直接人工		47 200	104 000		39 673	892 800	216 000	40 000
制造费用		34 800	48 000		8 956	133 200	144 800	10 000
合计		412 300	344 000	56 000	133 196	1 946 200	792 800	294 000

(3) 资料说明。
① 甲产品的原材料随生产进度陆续投入且与加工程度一致。
② 丙产品各月末在产品数量变化不大,在产品按年初固定成本计价。
③ 丁产品的原材料在生产开始时一次投入,产品成本中直接材料项目所占的比重较大。

要求：编制各产品的产品成本计算单(见表2-8-3至表2-8-6)，采用适当方法计算各产品的总成本和单位成本；编写结转完工产品成本的会计分录。

表2-8-3　产品成本计算单(一)

产品名称：　　　　　　　　　　　　年　　月　　　　　　　　　完工产品数量：　　件
　　　　　　　　　　　　　　　　　　　　　　　　　　　　　　　在产品数量：　　件

项目	直接材料	直接人工	制造费用	合计
月初在产品成本				
本月发生的生产费用				
生产费用合计				
完工产品总成本				
单位成本				
月末在产品成本				

表2-8-4　产品成本计算单(二)

产品名称：　　　　　　　　　　　　年　　月　　　　　　　　　完工产品数量：　　件
　　　　　　　　　　　　　　　　　　　　　　　　　　　　　　　在产品数量：　　件

项目	直接材料	直接人工	制造费用	合计
月初在产品成本				
本月发生的生产费用				
生产费用合计				
完工产品总成本				
单位成本				
月末在产品成本				

表2-8-5　产品成本计算单(三)

产品名称：　　　　　　　　　　　　年　　月　　　　　　　　　完工产品数量：　　件
　　　　　　　　　　　　　　　　　　　　　　　　　　　　　　　在产品数量：　　件

项目	直接材料	直接人工	制造费用	合计
月初在产品成本				
本月发生的生产费用				
生产费用合计				
完工产品总成本				
单位成本				
月末在产品成本				

表 2-8-6　产品成本计算单(四)

产品名称：　　　　　　　　　　　年　月　　　　　　　完工产品数量：　　件
　　　　　　　　　　　　　　　　　　　　　　　　　　在产品数量：　　件

项目	直接材料	直接人工	制造费用	合计
月初在产品成本				
本月发生的生产费用				
生产费用合计				
完工产品总成本				
单位成本				
月末在产品成本				

请思考：

(1) 单件在产品成本与单件完工产品成本为什么会存在差额？这个差额会随着在产品加工程度的增加发生怎样的变化？

(2) 甲产品期末在产品消耗的生产费用多吗？不考虑在产品成本，对计算甲产品的总成本、单位成本影响大吗？

(3) 单件乙在产品消耗的生产费用与单件完工产品差额大吗？将乙在产品视同完工产品，对计算乙产品的总成本、单位成本影响大吗？

(4) 丁产品的原材料在生产开始时一次投入，那么，单件在产品消耗的材料费用与完工产品是否一样？当产品成本中原材料所占的比重较大时，只考虑在产品消耗的材料费用，忽略其他费用，对计算丁产品的总成本、单位成本影响大吗？

业务指导如下。

(1) 根据所给的资料，4月末甲在产品的数量较少，不计算在产品成本对完工产品成本影响不大。请按此口径采用简化方法填制产品成本计算单(见表2-8-3)，计算甲产品的成本(单位成本保留2位小数)。

参考答案如表2-8-7所示。

表 2-8-7　产品成本计算单(五)

产品名称：甲产品　　　　　　　　201×年4月　　　　　　　完工产品数量：20 000件
　　　　　　　　　　　　　　　　　　　　　　　　　　　在产品数量：5件

项目	直接材料	直接人工	制造费用	合计
月初在产品成本	0	0	0	0
本月发生的生产费用	84 567	39 673	8 956	133 196
生产费用合计	84 567	39 673	8 956	133 196
完工产品总成本	84 567	39 673	8 956	133 196
单位成本	4.23	1.98	0.45	6.66
月末在产品成本	0	0	0	0

(2) 根据所给的资料，4月末乙在产品的数量较多且已接近完工，如果将乙在产品视同完工产品，对计算完工产品成本影响不大。请按此口径采用简化方法填制产品成本计算单(见表

2-8-4),计算乙产品成本(单位成本保留2位小数)。

参考答案如表2-8-8所示。

表2-8-8 产品成本计算单(六)

产品名称:乙产品　　　　　　　　201×年4月　　　　　　　　完工产品数量:40 000件
　　　　　　　　　　　　　　　　　　　　　　　　　　　　　　在产品数量:100件

项目	直接材料	直接人工	制造费用	合计
月初在产品成本	330 300	47 200	34 800	412 300
本月发生的生产费用	920 200	892 800	133 200	1 946 200
生产费用合计	1 250 500	940 000	168 000	2 358 500
完工产品总成本	1 247 200	937 600	167 600	2 352 400
单位成本	31.18	23.44	4.19	58.81
月末在产品成本	3 300	2 400	400	6 100

(3)根据所给的资料,4月末丙在产品的数量虽较多但各月末在产品数量变化不大,因此在产品成本可按年初固定成本计价法。请按此口径采用简化方法填制产品成本计算单(见表2-8-5),计算丙产品成本(单位成本保留3位小数)。

参考答案如表2-8-9所示。

表2-8-9 产品成本计算单(七)

产品名称:丙产品　　　　　　　　201×年4月　　　　　　　　完工产品数量:50 000件
　　　　　　　　　　　　　　　　　　　　　　　　　　　　　　在产品数量:10 000件

项目	直接材料	直接人工	制造费用	合计
月初在产品成本	192 000	104 000	48 000	344 000
本月发生的生产费用	432 000	216 000	144 800	792 800
生产费用合计	624 000	320 000	192 800	1 136 800
完工产品总成本	432 000	216 000	144 800	792 800
单位成本	8.640	4.320	2.896	15.856
月末在产品成本	192 000	104 000	48 000	344 000

(4)根据所给的资料,4月末丁产品成本中原材料所占的比重较大,只考虑在产品消耗的材料费用,忽略其他费用,对计算完工产品成本影响不大。请按此口径采用简化方法填制产品成本计算单(见表2-8-6),计算丁产品成本(单位成本保留3位小数)。

参考答案如表2-8-10所示。

表2-8-10 产品成本计算单(八)

产品名称:丁产品　　　　　　　　201×年4月　　　　　　　　完工产品数量:80 000件
　　　　　　　　　　　　　　　　　　　　　　　　　　　　　　在产品数量:20 000件

项目	直接材料	直接人工	制造费用	合计
月初在产品成本	56 000	0	0	56 000
本月发生的生产费用	244 000	40 000	10 000	294 000

续表

项目	直接材料	直接人工	制造费用	合计
生产费用合计	300 000	40 000	10 000	350 000
完工产品总成本	240 000	40 000	10 000	290 000
单位成本	3.000	0.500	0.125	3.625
月末在产品成本	60 000	0	0	60 000

◇ **小贴示**

> 上述四种方法均属于简化分配方法，只能在一定的范围内采用。成本计算工作中，当实际情况超出上述方法的应用范围时，若仍采用简化方法，就会影响成本计算的准确性，此时生产费用在完工产品与月末在产品之间的分配应采用其他方法，如约当产量比例法、定额比例法、在产品按定额成本计价法等。

请思考：

（1）A企业3月份生产甲产品1 000件，共发生生产费用400 000元。3月末A企业完工产品800件、在产品200件（假定原材料在生产开工时一次性投入，在产品加工程度均为50%）。问：完工产品和在产品各自应承担的生产费用是多少？

（2）B企业4月份生产丙产品700件，月末完工产品600件、在产品100件（假设原材料随着生产进度陆续均匀投入，在产品加工程度均为50%）。问：100件丙在产品消耗的生产费用是否等同于100件完工产品消耗的生产费用，为什么？

案例

1. 201×年4月，某企业生产乙产品，本月完工15 000件、月末在产品10 000件，月末在产品加工程度均为50%（假设投料程度与加工程度一致）。乙产品的生产只经过一道工序，请采用约当产量比例法计算完工产品和月末在产品各自应负担的生产费用（写出详细的计算过程）并填写产品成本计算单（见表2-8-11）。

表2-8-11 产品成本计算单（九）

产品名称：　　　　　　　　　　　201×年4月　　　　　　完工产品数量：　　件
　　　　　　　　　　　　　　　　　　　　　　　　　　　在产品数量：　　件

项目	直接材料	直接人工	制造费用	合计
月初在产品成本	6 000	20 000	10 000	36 000
本月发生的生产费用	24 000	30 000	20 000	74 000
生产费用合计	30 000	50 000	30 000	110 000
在产品约当产量				
完工产品总成本				
单位成本				
月末在产品成本				

【解析】

在完工产品和在产品之间分配生产费用。

(1) 分配材料费用。

$$在产品约当产量 = 10\,000\,件 \times 50\% = 5\,000\,件$$

$$直接材料分配率 = \frac{30\,000\,元}{15\,000\,件 + 5\,000\,件} = 1.5\,元/件$$

完工产品应负担的材料费 = 15 000 件 × 1.5 元/件 = 22 500 元

月末在产品应负担的材料费 = 5 000 件 × 1.5 元/件 = 7 500 元

(2) 分配直接人工费用。

$$在产品约当产量 = 10\,000\,件 \times 50\% = 5\,000\,件$$

$$直接人工分配率 = \frac{50\,000\,元}{15\,000\,件 + 5\,000\,件} = 2.5\,元/件$$

完工产品应负担的人工费 = 15 000 件 × 2.5 元/件 = 37 500 元

月末在产品应负担的人工费 = 5 000 件 × 2.5 元/件 = 12 500 元

(3) 分配制造费用。

$$制造费用分配率 = \frac{30\,000\,元}{15\,000\,件 + 5\,000\,件} = 1.5\,元/件$$

完工产品应负担的制造费用 = 15 000 件 × 1.5 元/件 = 22 500 元

月末在产品应负担的制造费用 = 5 000 件 × 1.5 元/件 = 7 500 元

(4) 计算完工产品和月末在产品总成本。

完工产品总成本 = 22 500 元 + 37 500 元 + 22 500 元 = 82 500 元

月末在产品总成本 = 7 500 元 + 12 500 元 + 7 500 元 = 27 500 元

填写好的产品成本计算单如表 2-8-12 所示。

表 2-8-12 产品成本计算单(十)

产品名称:乙产品　　　　　　　201×年 4 月　　　　　　　完工产品数量:15 000 件　　在产品数量:10 000 件

项目	直接材料	直接人工	制造费用	合计
月初在产品成本	6 000	20 000	10 000	36 000
本月发生的生产费用	24 000	30 000	20 000	74 000
生产费用合计	30 000	50 000	30 000	110 000
在产品约当产量	5 000	5 000	5 000	—
完工产品总成本	22 500	37 500	22 500	82 500
单位成本	1.5	2.5	1.5	5.5
月末在产品成本	7 500	12 500	7 500	27 500

请思考:

实际工作中,产品生产往往比较复杂,需要经过多道工序加工完成。如果每道工序月末都有在产品,那么,不同工序上的在产品的数量应如何折算成完工产品的数量?

2. 201×年 4 月某企业乙产品经过三道工序加工完成。月末在产品数量如表 2-8-13 所示。

表 2-8-13 月末在产品数量表

产品名称：乙产品　　　　　　　　　　　201×年4月

工序	月末在产品数量/件
1	150
2	120
3	130
合计	400

假设：原材料在生产开始时一次投入。

要求：请计算上述情况下，各工序在产品的投料程度及月末在产品直接材料成本项目的约当产量。

【解析】

如果某种产品所耗原材料是在生产开始时一次投入，不论哪一道工序的在产品，其所耗的材料费用均和完工产品相同，投料程度为100%。

各工序在产品的投料程度均为100%，月末三道工序计400件在产品直接材料成本项目的约当产量为

$$150 \text{ 件} \times 100\% + 120 \text{ 件} \times 100\% + 130 \text{ 件} \times 100\% = 400 \text{ 件}$$

或

$$400 \text{ 件} \times 100\% = 400 \text{ 件}$$

3. 201×年4月某企业甲产品经过三道工序加工完成，月末在产品数量及原材料费用定额如表2-8-14所示。

表 2-8-14 月末在产品数量及原材料费用定额

产品名称：丙产品　　　　　　　　　　　201×年4月

工序	月末在产品数量/件	原材料费用定额/(元/件)
1	150	50
2	120	200
3	130	250
合计	400	500

假设：

(1) 原材料在每道工序开始时一次投入，计算如表2-8-15所示；

(2) 原材料分工序陆续投入，且投入量与加工进度不一致，计算如表2-8-16所示；

(3) 原材料分工序陆续投入，且投入量与加工进度一致。

要求：请计算上述三种情况下，各工序在产品的投料程度及月末在产品直接材料成本项目的约当产量。

【解析】

(1) 原材料在每道工序开始时一次投入。

由于各工序所耗用的原材料是在各工序开始时一次投入，因此同一工序内所有产品不论加工程度高低、是否完工，其所耗用的原材料费用是相同的。

计算公式如下。

$$\text{某工序投料程度} = \frac{\text{前面各道工序投料定额} + \text{本工序投料定额}}{\text{完工产品投料定额}} \times 100\%$$

或者

$$\text{某工序投料程度} = \frac{\text{到本工序为止累计投料定额}}{\text{完工产品投料定额}} \times 100\%$$

在本投料方式下,各工序在产品的投料程度及月末在产品直接材料成本项目的约当产量计算如表 2-8-15 所示。

表 2-8-15　月末甲在产品直接材料约当产量计算表(一)

工序	月末在产品数量/件	原材料费用定额/(元/件)	投料程度	在产品约当产量/件
1	150	50	50/500×100%=10%	15
2	120	200	(50+200)/500×100%=50%	60
3	130	250	100%	130
合计	400	500	—	205

(2) 原材料分工序陆续投入,且投入量与加工进度不一致。

当原材料在生产过程中陆续投入,且投入量与加工进度不一致时,原材料的投料程度应按每工序的原材料投料定额计算。由于处在同一工序不同位置的在产品已投料程度不同,为简化核算,同一工序上的在产品在本工序的平均投料程度均按 50% 计算。

计算公式如下。

$$\text{某工序投料程度} = \frac{\text{前面各道工序投料定额之和} + \text{本工序投料定额} \times 50\%}{\text{完工产品投料定额}} \times 100\%$$

在本投料方式下,各工序在产品的投料程度及月末在产品直接材料成本项目的约当产量计算如表 2-8-16 所示。

表 2-8-16　月末甲在产品直接材料约当产量计算表(二)

工序	月末在产品数量/件	原材料费用定额/(元/件)	投料程度	在产品约当产量/件
1	150	50	(50×50%)/500×100%=5%	7.5
2	120	200	(50+200×50%)/500×100%=30%	36
3	130	250	(50+200+250×50%)/500×100%=75%	97.5
合计	400	500	—	141

(3) 原材料分工序陆续投入,且投入量与加工进度一致。

当原材料在生产过程中陆续投入,且投入量与加工进度一致时,在产品投料程度的计算与加工程度的计算相同,分配直接材料成本项目费用时的在产品约当产量就按加工程度计算。

计算公式为

$$\text{投料程度} = \text{加工程度}$$

4. 某企业丁产品经过三道工序加工完成,月末在产品数量和工时定额如表 2-8-17 所示。

表 2-8-17　月末在产品数量及工时定额

工序	月末在产品数量/件	工时定额/(时/件)
1	150	40
2	120	30
3	130	30
合计	400	100

假设:
(1) 各工序在产品数量及加工程度相近;
(2) 各工序在产品数量及加工程度相差悬殊。
要求:计算上述两种情况下,各工序在产品的加工程度及月末在产品的约当产量。

【解析】
(1) 各工序在产品数量及加工程度相近。
当企业生产进度比较均衡,各道工序在产品数量和加工程度相差不大时,前后工序加工程度可相互抵补,全部在产品的加工程度均可按 50% 计算。
根据所给的资料,各工序在产品的加工程度均为 50%,月末三道工序共计 400 件在产品,在分配直接人工、制造费用成本项目费用时的约当产量为

$$400\ \text{件} \times 50\% = 200\ \text{件}$$

(2) 各工序在产品数量及加工程度相差悬殊。
若各工序在产品数量及加工程度相差悬殊,后面各工序在产品多加工的程度不能弥补前面各工序在产品少加工的程度,则要分工序分别计算在产品的加工程度。由于处在同一工序不同位置的在产品加工程度不同,为了简化核算,同一工序中的在产品在本工序的平均加工程度按 50% 计算。

计算公式如下。

$$\text{某工序在产品加工程度} = \frac{\text{前面各工序累计工时定额} + \text{本工序工时定额} \times 50\%}{\text{单位完工产品工时定额}} \times 100\%$$

根据所给的资料,各工序在产品的加工程度及月末在产品的约当产量计算如表 2-8-18 所示。

表 2-8-18　月末丁在产品其他成本项目约当产量计算表

工序	月末在产品数量/件	工时定额/(时/件)	加工程度	在产品约当产量/件
1	150	40	$(40 \times 50\%)/100 \times 100\% = 20\%$	30
2	120	30	$(40 + 30 \times 50\%)/100 \times 100\% = 55\%$	66
3	130	30	$(40 + 30 + 30 \times 50\%)/100 \times 100\% = 85\%$	110.5
合计	400	100	—	206.5

5. 201× 年 5 月生产乙产品,月末在产品按在产品按定额成本计价法计算,有关成本资料如表 2-8-19 至表 2-8-22 所示。

要求：填制产品成本计算单(见表2-8-22)，计算乙产品总成本和单位成本(分配率保留2位小数，金额保留2位小数)。

表 2-8-19 产量记录(一)　　　　　　　　　　　　　　　　　　　　　单位：件

月初在产品	本月投产	本月完工	月末在产品
550	950	900	600

表 2-8-20 月末在产品成本定额资料

项目	直接材料	直接人工	制造费用	单位成本定额
消耗定额	55.4千克/件	50时/件	50小时/件	—
计划单价	1.25元/千克	1.0元/时	1.2元/时	179.25元/件

表 2-8-21 月初在产品成本及本月发生的生产费用(二)

项目	直接材料	直接人工	制造费用	合计/元
月初在产品成本/元	76 200	26 700	31 900	134 800
本月发生的生产费用/元	108 000	73 800	92 300	274 100
合计/元	184 200	100 500	124 200	408 900

表 2-8-22 产品成本计算单(十一)

产品名称：　　　　　　　　　　　年　　月　　　　　　完工产品数量：　　件
　　　　　　　　　　　　　　　　　　　　　　　　　　在产品数量：　　件

项目	直接材料	直接人工	制造费用	合计
月初在产品成本				
本月发生的生产费用				
生产费用合计				
完工产品成本				
单位成本				
月末在产品成本(定额成本)				
月末在产品成本定额				

【解析】

业务提示：

(1) 计算月末在产品成本定额；

(2) 计算月末在产品成本(定额成本)；

(3) 倒挤完工产品成本。

填好的产品成本计算单如表2-8-23所示。

表 2-8-23　产品成本计算单(十二)

产品名称：乙产品　　　　　　　　　201×年5月　　　　　　　完工产品数量：900件　　在产品数量：600件

项目	直接材料	直接人工	制造费用	合计
月初在产品成本	76 200.00	26 700.00	31 900.00	134 800.00
本月发生的生产费用	108 000.00	73 800.00	92 300.00	274 100.00
生产费用合计	184 200.00	100 500.00	124 200.00	408 900.00
完工产品成本	142 650.00	70 500.00	88 200.00	301 350.00
单位成本	158.50	78.33	98.00	334.83
月末在产品成本(定额成本)	41 550	30 000	36 000	107 550
月末在产品成本定额	69.25	50.00	60.00	179.25

6. 某车间生产A产品，201×年10月完工600件、月末在产品100件，原材料在生产开始时一次投入，月末在产品的加工程度均为50%，完工产品的材料消耗定额为15千克/件、工时定额为10时/件，本月生产费用合计为43 100元，其中直接材料21 000元、直接人工11 700元、制造费用10 400元。

要求：采用定额比例法计算完工产品成本和月末在产品成本(写出详细的计算过程)，并填制产品成本计算单(见表2-8-24)。

表 2-8-24　产品成本计算单(十三)

产品名称：　　　　　　　　　　年　月　　　　　　　完工产品数量：　　件　　在产品数量：　　件

项目		直接材料	直接人工	制造费用	合计
生产费用合计					
材料定额耗用量	完工产品				
	月末在产品				
定额工时	完工产品				
	月末在产品				
费用分配率					
完工产品成本					
月末在产品成本					

【解析】

(1) 直接材料费用分配率 $=\dfrac{21\ 000\ 元}{600\ 件\times 15\ 千克/件 + 100\ 件\times 100\%\times 15\ 千克/件} = 2\ 元/千克$

完工产品负担的直接材料费 $=(600\ 件\times 15\ 千克/件)\times 2\ 元/千克 = 18\ 000\ 元$

月末在产品负担的直接材料费 $=(100\ 件\times 100\%\times 15\ 千克/件)\times 2\ 元/千克 = 3\ 000\ 元$

(2) 直接人工分配率 = $\dfrac{11\,700\,元}{600\,件 \times 10\,时/件 + 100\,件 \times 50\% \times 10\,时/件} = 1.8\,元/时$

完工产品负担的人工费 = (600 件 × 10 时/件) × 1.8 元/时 = 10 800 元

月末在产品负担的人工费 = (100 件 × 50% × 10 时/件) × 1.8 元/时 = 900 元

(3) 制造费用分配率 = $\dfrac{10\,400\,元}{600\,件 \times 10\,时/件 + 100\,件 \times 50\% \times 10\,时/件} = 1.6\,元/时$

完工产品负担的制造费用 = (600 件 × 10 时/件) × 1.6 元/时 = 9 600 元

月末在产品负担的制造费用 = (100 件 × 50% × 10 时/件) × 1.6 元/时 = 800 元

(4) 计算完工产品和月末在产品总成本。

完工产品总成本 = 18 000 元 + 10 800 元 + 9 600 元 = 38 400 元

月末在产品总成本 = 3 000 元 + 900 元 + 800 元 = 4 700 元

填制好的产品成本计算单如表 2-8-25 所示。

表 2-8-25　产品成本计算单(十四)

产品名称：A 产品　　　　　　　　　201×年 10 月　　　　　　　完工产品数量：600 件　　在产品数量：100 件

项目		直接材料	直接人工	制造费用	合计
生产费用合计		21 000	11 700	10 400	43 100
材料定额耗用量	完工产品	9 000			
	月末在产品	1 500			
定额工时	完工产品		6 000	6 000	
	月末在产品		500	500	
费用分配率		2	1.8	1.6	
完工产品成本		18 000	10 800	9 600	38 400
月末在产品成本		3 000	900	800	4 700

请思考：

在产品按定额成本计价法和定额比例法的适用条件有何不同？原因何在？

┌──────────┐
│ 知识链接 │
└──────────┘

(1) 企业生产产品所发生的生产费用需要在其完工产品与月末在产品之间进行合理分配，编制产品成本计算单和完工产品成本汇总表，计算出各种完工产品和月末在产品成本。

(2) 根据完工产品成本汇总表及产成品入库单，结转完工入库产品成本，将其从基本生产成本账户的贷方转入库存商品账户的借方。基本生产成本账户的借方余额就是月末在产品成本，即下月月初在产品成本。

┌──────────┐
│ 边学边做 │
└──────────┘

某企业 201×年 8 月产品成本资料如表 2-8-26、表 2-8-27 所示，请编写完工产品验收入库(或结转完工产品生产成本)的会计分录。

表 2-8-26　完工产品成本汇总表(一)

201×年8月

项目	产品名称			
	A产品		B产品	
	总成本	单位成本	总成本	单位成本
直接材料	84 475.00	37.544 4	130 902.60	65.451 3
燃料和动力	22 342.50	9.930 0	26 180.60	13.090 3
直接人工	57 237.50	25.438 9	65 452.00	32.726 0
制造费用	22 132.30	9.836 6	39 275.00	19.637 5
产品成本合计	186 187.30	82.749 9	261 810.20	130.905 1

表 2-8-27　产品入库单(一)

201×年8月31日

交库单位:基本生产车间　　　　　　　　　　　　　　　　　　　　　编号:0020

产品名称	计量单位	交库数量	检验结果		实收数量	金额	备注
			合格	不合格			
A产品	件	2 250	√		2 250	186 187.30	
B产品	台	2 000	√		1 800	261 810.20	
合计	—	—	—	—	—	447 997.50	

编写会计分录如下。

　　　　借:库存商品——A产品　　　　　　　　　　186 197.30
　　　　　　　　　　——B产品　　　　　　　　　　261 810.20
　　　　　贷:基本生产成本——A产品　　　　　　　186 197.30
　　　　　　　　　　　　——B产品　　　　　　　　261 810.20

上岗一试

以模块1项目1.1中飞跃轮胎有限责任公司的资料为依据,完成以下工作任务。

(1) 在基本生产成本明细账(见表1-3-1、表1-3-2)中汇总2月份发生的自行车内胎和摩托车内胎两种产品的生产费用。

(2) 将基本生产成本明细账中所归集的全部生产费用,采用在产品按年初固定成本计价法,编制产品成本计算单(见表2-8-28、表2-8-29),计算自行车内胎和摩托车内胎完工产品成本和月末在产品成本。

(3) 编制完工产品成本汇总表(见表2-8-30),并据此编写产成品验收入库的会计分录。

(4) 登记明细账(见表1-3-1、表1-3-2)。

表 2-8-28　产品成本计算单(十五)

产品名称：　　　　　　　　　　　年　月　　　　　　　　　　　　　　单位:元

项目	直接材料	燃料和动力	直接人工	制造费用	合计
月初在产品成本					
本月发生的生产费用					
生产费用合计					
月末完工产品成本					
月末在产品成本					

表 2-8-29　产品成本计算单(十六)

产品名称：　　　　　　　　　　　年　月　　　　　　　　　　　　　　单位:元

项目	直接材料	燃料和动力	直接人工	制造费用	合计
月初在产品成本					
本月发生的生产费用					
生产费用合计					
月末完工产品成本					
月末在产品成本					

表 2-8-30　完工产品成本汇总表(二)

年　月　　　　　　　　　　　　　　单位:元

产品名称	直接材料	燃料和动力	直接人工	制造费用	总成本	单位成本
自行车内胎						
摩托车内胎						

结转完工入库产品成本的会计分录：

 知识巩固

一、单项选择题

1. 不计算在产品成本法的适用范围是(　　)。

A. 在产品数量较大,而且各月数量变化较小的产品

B. 各月末在产品数量很小,不计算在产品成本对完工产品成本的影响很小的产品

C. 在产品数量较大,而且各月数量变化较大的产品

D. 在产品已经接近完工的产品

2. 采用在产品按年初固定成本计价法时，完工产品成本计算非常简单，1—11月份的完工产品成本就等于本月（　　）。

A. 制造费用发生数　　　　　　　　B. 生产成本累计数
C. 月初在产品成本　　　　　　　　D. 发生的生产费用

3. 某产品月末在产品数量较大，各月在产品数量变化也较大，且直接材料成本所占比重较大，则该产品月末在产品应采用（　　）。

A. 在产品按年初固定成本计价法　　B. 不计算在产品成本法
C. 在产品按所耗直接材料成本计价法　　D. 约当产量比例法

4. 对于各项消耗定额或定额成本比较准确、稳定，且各月末在产品数量变化不大的产品，其在产品应采用（　　）。

A. 在产品按年初固定成本计价法　　B. 在产品按定额成本计价法
C. 定额比例法　　　　　　　　　　D. 约当产量比例法

5. 在产品按完工产品成本计价法必须具备下列（　　）条件。

A. 月末在产品数量极少　　　　　　B. 月末在产品已经接近完工
C. 直接材料在生产开始时一次性投入　　D. 直接材料成本所占比重较大

二、多项选择题

1. 完工产品与在产品之间分配费用的方法有（　　）。

A. 约当产量比例法　　　　　　　　B. 交互分配法
C. 在产品按完工产品成本计价法　　D. 定额比例法

2. 采用约当产量比例法时，月末在产品的约当产量应按（　　）进行折算。

A. 投料程度　　　　　　　　　　　B. 加工程度
C. 产成品完工入库程度　　　　　　D. 预计损耗率

3. 生产费用在完工产品和在产品之间进行分配的下列方法中，会使本月发生的生产费用全部由本月完工产品负担的包括（　　）。

A. 在产品按年初固定成本计价法　　B. 不计算在产品成本法
C. 定额比例法　　　　　　　　　　D. 约当产量比例法

4. 企业应根据（　　）等具体条件，选择适当方法将生产费用在完工产品和月末在产品成本之间进行分配。

A. 月末在产品数量的多少　　　　　B. 各月在产品数量变化的大小
C. 定额管理基础的好坏　　　　　　D. 各项耗费所占比重的大小

三、判断题

1. 各月末在产品数量变化不大时，可以不计算月末在产品成本。（　　）
2. 在产品的约当产量就是指在产品的数量。（　　）
3. 在产品的约当产量是指将在产品按其加工程度（或投料程度）折算成相当于完工产品的数量。（　　）
4. 在完工产品与在产品之间进行直接材料费用的分配，计算在产品约当产量时需要考虑直接材料的投料方式。（　　）

四、计算题

1. 某企业生产甲产品,经过三道工序加工完成。原材料在每道工序开始时一次投入,201×年4月各工序的有关资料如表2-8-31所示。

表2-8-31 在产品数量及定额资料

工序	1	2	3	合计
直接材料费用定额/(元/台)	280	168	112	560
工时定额/(时/台)	60	120	120	300
在产品数量/台	100	50	150	300

要求:

(1) 根据表2-8-31中的资料,计算各道工序在产品的投料程度、加工程度和约当产量,填在表2-8-32、表2-8-33中。

表2-8-32 甲产品投料程度和约当产量计算表

工序	直接材料费用定额/(元/台)	投料程度/(%)	在产品数量/台	约当产量/台
1				
2				
3				
合计				

表2-8-33 甲产品加工程度和约当产量计算表

工序	工时定额/(时/台)	加工程度/(%)	在产品数量/台	约当产量/台
1				
2				
3				
合计				

(2) 采用约当产量比例法计算本月完工产品成本和月末在产品成本,填在表2-8-34中。

表2-8-34 产品成本计算单(十七)

产品名称:甲产品　　　　　　201×年4月　　　　　　完工产品数量:200件　　在产品数量:300件

项目	直接材料	直接人工	制造费用	合计
月初在产品成本	6 000	20 000	10 000	36 000
本月发生的生产费用	16 000	50 000	25 000	91 000
生产费用合计	22 000	70 000	35 000	127 000
完工产品产量				
在产品约当产量				

续表

项目	直接材料	直接人工	制造费用	合计
约当总产量				
完工产品总成本				
费用分配率（或单位成本）				
月末在产品成本				

注：约当总产量＝完工产品产量＋在产品约当产量。

2. 某工厂生产乙产品，本月完工 165 件，月末在产品 35 件。原材料费用定额 400 元/件，工时定额 44 时/件，原材料系生产开工时一次投入。在产品工时定额按产成品工时定额的 50% 计算。本月生产费用合计 86 439 元，其中，直接材料 76 000 元、直接人工 6 424 元、制造费用 4 015 元。

要求：采用定额比例法计算本月完工产品成本和月末在产品成本。

3. 某企业甲产品本月完工 750 件，在产品 150 件，原材料系生产开工时一次投入，在产品加工程度为 50%，本月生产费用合计 82 800 元，其中直接材料 45 000 元、直接人工 21 000 元、制造费用 16 800 元。

要求：

（1）采用约当产量比例法在完工产品和月末在产品间分配生产费用（分配率保留 4 位小数，金额保留 2 位小数）。

（2）计算本月完工产品及在产品的成本。

4. 201×年 8 月，某企业生产乙产品，原材料在生产开工时一次性投入，其他生产费用在产品的生产过程中均衡发生。直接材料计划单价为 2 元/千克，材料消耗定额为 48 千克/件，工时定额为 2.5 时/件，计划每小时费用率为直接人工 5 元/时、制造费用 10 元/时。其他成本资料如表 2-8-35 所示。

要求：采用在产品按定额成本计价法计算完工产品成本并编制完成表 2-8-35（分配率保留 4 位小数，金额保留 2 位小数）。

表 2-8-35 产品成本计算单（十八）

产品名称：乙产品　　　　　　　　　201×年 8 月　　　　　　完工产品数量：1 200 件
　　　　　　　　　　　　　　　　　　　　　　　　　　　　　在产品数量：300 件

项目	直接材料	直接人工	制造费用	合计
月初在产品成本	30 000	1 800	3 600	35 400
本月发生的生产费用	105 000	15 000	30 000	150 000
生产费用合计				
月末在产品成本定额				
月末在产品定额成本				
完工产品成本				
单位成本				

> **拓展训练**

1. 实训目的

运用约当产量比例法分配生产费用,计算完工产品成本和月末在产品成本。

2. 实训资料

201×年5月,星星工厂生产甲产品,经过三道工序制成,材料在各工序开始时一次投入,各工序定额及生产情况如表2-8-36至表2-8-39所示。

(1) 材料费用定额表如表2-8-36所示。

表2-8-36 材料费用定额表

项目	第一工序	第二工序	第三工序	合计
材料费用定额/(元/件)	300	400	300	1 000

(2) 生产工时定额表如表2-8-37所示。

表2-8-37 生产工时定额表

工序	第一工序	第二工序	第三工序	合计
生产工时定额/(时/件)	20	40	40	100

(3) 本月完工产品数量为800件,在产品数量如表2-8-38所示。

表2-8-38 在产品数量表

工序	第一工序	第二工序	第三工序	合计
在产品数量/件	50	80	90	220

(4) 生产费用情况表如表2-8-39所示。

表2-8-39 生产费用情况表

项目	直接材料	直接人工	制造费用	合计
月初在产品成本/元	45 980	6 803	7 633	60 416
本月生产费用/元	87 699	8 683	4 545	100 927
合计/元	133 679	15 486	12 178	161 343

3. 实训要求

(1) 根据实训资料计算在产品的约当产量,填入表2-8-40和表2-8-41。

(2) 填制产品成本计算单,即表2-8-42。

(3) 结转完工入库产品的生产成本,编写会计分录。

(4) 登记基本生产成本明细账(见表2-8-43)。

(5) 分配率保留4位小数,金额保留2位小数,尾差倒挤入在产品成本。

表 2-8-40　各工序投料程度及约当产量计算表

工序	各工序材料费用定额/(元/件)	各工序在产品数量/件	各工序投料程度/(%)	在产品约当产量/件
1				
2				
3				
合计				

表 2-8-41　各工序完工程度及约当产量计算表

工序	各工序工时定额/(时/件)	各工序在产品数量/件	各工序加工程度/(%)	在产品约当产量/件
1				
2				
3				
合计				

表 2-8-42　产品成本计算单(十九)

产品名称：　　　　　　　　　　　201×年 5 月

摘要	直接材料	直接人工	制造费用	合计
月初在产品成本				
本月发生的生产费用				
生产费用合计				
完工产品数量				
在产品约当产量				
约当总产量				
费用分配率(或单位成本)				
完工产品总成本				
月末在产品总成本				

表 2-8-43　基本生产成本　明细账

产品名称：

年		凭证编号	摘要	直接材料	直接人工	制造费用	合计
月	日						

续表

年		凭证编号	摘要	直接材料	直接人工	制造费用	合计
月	日						

4. 实训安排

此项目实训由成本核算员 1 人独立完成,约需 1.5 课时。

模块 3

产品成本计算方法

项目 3.1　模块导读：产品成本计算方法认知

> **温馨提示**
>
> 不同制造企业因生产不同的产品，不同产品的生产过程具有不同的特点，同时，它们因自身情况的不同，对成本管理的要求也会存在差异。这两个方面就决定了在进行产品成本计算时应选择不同的方法。实际工作中有哪些可供选择的成本计算方法呢？它们应如何选择？带着这些问题，让我们一起开始本模块的学习吧！

> **学习目标**
>
> 通过对本项目的学习，你应该：
> 1. 知道企业生产经营特点、管理要求对成本核算对象的影响；
> 2. 熟悉品种法、分批法、分步法的特点和应用范围，能根据企业的实际情况选择适当的成本计算方法进行产品成本核算。

> **引导案例**
>
> 不同制造企业因生产不同的产品，不同产品的生产过程具有不同的特点，同时，它们因自身情况的不同，对成本管理的要求也会存在差异。图 3-1-1 至图 3-1-4 所示是 4 家制造企业的生产流程图。
>
> 燃煤电厂生产流程图如图 3-1-1 所示。燃煤电厂主要设备由锅炉、汽轮机和发电机及相应的辅助设备组成。燃煤电厂的基本生产过程为：水在锅炉中加热形成高温高压的热蒸汽；用管道将热蒸汽送入汽轮机中实现不断膨胀做功；冲击汽轮机转子，使其高速旋转；汽轮机带动发电

机发电;发电机发出的电经变压器升压后输入电网。燃煤电厂的生产为单步骤生产。

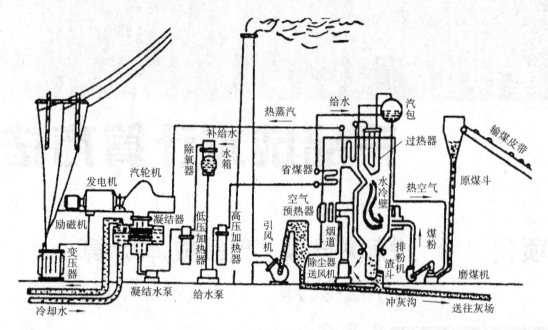

图 3-1-1　燃煤电厂生产流程图

钢铁厂生产流程图如图 3-1-2 所示。钢铁厂生产过程是：先将铁矿石等原料送进高炉冶炼，得到生铁；再将生铁（或铁水）送进转炉炼钢，得到钢锭；将钢锭再轧制成各种规格型号的钢材。钢铁厂的生产为连续式多步骤生产，生产过程可划分为炼铁、炼钢、轧钢等步骤。

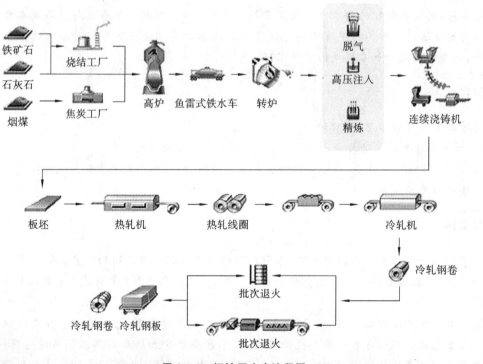

图 3-1-2　钢铁厂生产流程图

小汽车生产流程图如图 3-1-3 所示。小汽车是由多种零部件组装而成的,它的生产非常复杂,属多步骤装配式生产。

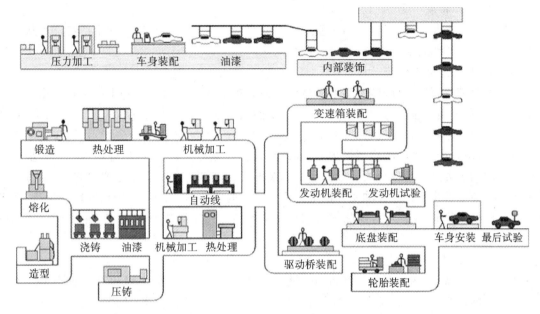

图 3-1-3　小汽车生产流程图

服装厂生产流程图如图 3-1-4 所示。服装厂通常按客户订单组织生产。由于不同客户订单对产品的品种、规格、数量、质量、交货日期有不同要求,因此服装厂的生产一般是分批组织。

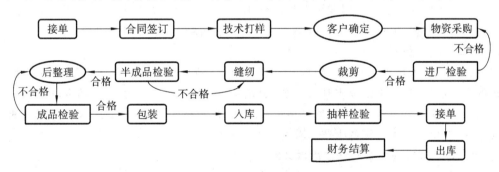

图 3-1-4　服装厂生产流程图

请思考:

(1) 图 3-1-1 至图 3-1-4 分别反映了哪些产品的生产过程?这些产品的生产各自具有哪些特点?

(2) 若计算上述产品的生产成本,应如何确定其成本核算对象?

(3) 你知道企业的生产特点和管理要求对确定成本计算方法有哪些影响吗?

通过前面的学习,大家已熟悉了计算产品成本的一般程序和方法,即归集和分配构成产品成本的各项生产费用的方法。作为基本程序和方法,它们适用于不同的企业,在实际工作中,企业还需根据自己的生产特点和管理要求确定具体的成本核算对象和成本计算方法,然后计算产品的生产成本。

3.1.1 生产特点和管理要求对产品成本计算的影响

1. 企业生产特点

制造业的生产是比较复杂的,每个企业都有其自身的生产特点。企业的生产特点可从生产工艺特点和生产组织特点两个方面进行分类。

1）按生产工艺特点分类

按生产工艺过程能否间断,制造业的生产划分为单步骤生产和多步骤生产两种类型。单步骤生产(也可称为简单生产)是指生产工艺过程不能间断或不能分散在不同地点进行的生产,如发电(见图3-1-1)、铸造、玻璃制品等的生产。多步骤生产(也可称为复杂生产)是指在生产工艺上可以间断,由几个生产步骤组成的生产,如纺织、钢铁(见图3-1-2)、机械等的生产。多步骤生产按产品的加工方式又可以分为连续式生产和装配式生产两种。前者是指原材料投入生产后,要依次经过各生产步骤的连续加工才能成为完工产品的生产,如图3-1-2所示的钢铁生产;后者是指先将原材料平行加工为不同的零件、部件,再将零件、部件装配为完工产品的生产,如图3-1-3所示的小汽车生产。

2）按生产组织特点分类

按生产组织特点,制造业的生产可以分为大量生产、成批生产和单件生产三种类型。大量生产即不间断地重复生产品质相同的产品。它的特点是产品品种稳定、不断重复生产、产量大、品种少,如采掘、纺织、钢铁等的生产。成批生产即按照事先规定的产品批别和数量进行生产。它的特点是产品的品种较多,而且具有一定的重复性,如服装、机电等的生产。成批生产按产品批量的大小又可分为大批生产和小批生产两种。大批生产性质接近大量生产,小批生产性质接近单件生产。单件生产是指根据购买单位的要求,制造个别的、性质特殊产品的生产。它的特点是产品的品种很多,但产量少且一般不重复,如重型机器和大型船舶等的制造。

2. 成本管理的要求

成本管理的要求是指企业在组织成本核算时,应以满足企业经营管理的需要为前提,从成本管理的实际需求出发,确定成本核算对象,分清主次,区别对待。例如,在大量大批复杂生产的企业里,尽管从工艺上看,生产类型是多步骤的,但如果成本管理不要求计算各生产步骤半成品的成本,企业也可以不计算各生产步骤的成本。

3. 生产特点和管理要求对产品成本计算的影响

1）对成本核算对象的影响

成本核算对象的确定原则是:适合企业的生产特点,满足企业成本管理的要求。在单步骤大量生产的企业中,由于连续不断地生产一种或几种产品,生产过程比较短且工艺过程不能间断,一般没有半成品,因而管理上只要求按产成品的品种计算成本,即成本核算对象确定为每种产品;在多步骤生产的企业中,各个生产步骤可以分散在不同地点进行,为了考核和控制各生产步骤的成本,管理上往往要求按生产步骤计算产品成本,最后通过汇总计算出产品成本。在这种情况下,企业以生产过程中各个加工步骤(分品种)为成本核算对象。如果企业的生产规模较小,且半成品不对外出售,为了简化成本核算工作,管理上往往不要求按照生产步骤计算产品成本,此时成本核算对象仍为每种产品。在单件小批生产企业中,因为产品批量小,一批产品往往同时完工,所以企业一般按产品的批别或订单归集费用,管理上往往也要求分批计算成本。在这种情况下,就以产品的批别或订单作为成本核算对象,计算产品成本。

2) 对成本计算期的影响

成本计算期是指每次计算成本的期间。在大量大批生产的情况下,由于生产连续不断地进行,每月都有完工产品,因而既不能在产品一生产出来就计算其成本,也不能等生产过程终止后再计算产品成本。为了满足企业成本管理的需要,产品成本的计算是定期在每月末进行的,即按月计算产品成本。在单件小批生产的情况下,由于产品品种多、批量小,一批产品往往同时投产、同时完工,且生产周期较长,因此,产品成本的计算只能在某批某件产品完工后进行,成本计算期与产品生产周期一致,而与会计报告期不一致。

3) 对生产费用在完工产品和在产品之间分配的影响

在单步骤生产的情况下,月末一般没有在产品或在产品数量很少,不计算在产品成本对完工产品成本影响不大,因此,不需要将生产费用在完工产品和在产品之间进行分配;在多步骤生产的情况下,由于月末一般有在产品,且在产品数量较多,同时管理上也要求分步骤计算产品成本,因此,需要采用适当的方法将生产费用在完工产品与在产品之间进行分配。在单件小批生产中,若成本计算期与生产周期一致,产品完工前,产品成本明细账中所登记的生产费用就是月末在产品成本,完工后所登记的生产费用就是完工产品成本,因此不存在生产费用分配的问题。

3.1.2 产品成本计算方法

产品成本计算方法是指将生产过程中发生的生产费用,在成本核算对象之间归集和分配,以确定计算对象的生产总成本和单位成本的方法。成本核算对象、成本计算期、生产费用在完工产品和在产品间分配等方面的有机结合,构成了不同的产品成本计算方法,这是由企业自身的生产特点和管理要求所决定的。产品成本计算的基本方法有品种法、分批法、分步法,它们最主要的区别是成本核算对象不同。此外,产品成本计算还有几种辅助方法,如分类法、定额法等。

1. 基本方法

1) 品种法

品种法是指以产品的品种作为成本核算对象来归集生产费用、计算产品成本的一种方法。品种法一般适用于大量大批单步骤生产或管理上不要求分步骤计算成本的多步骤生产。它是最为基本的产品成本计算方法。

2) 分批法

分批法又叫订单法,是指以产品的批别或订单作为成本核算对象归集生产费用、计算产品成本的一种方法。分批法适用于单件小批单步骤生产或管理上不要求分步骤计算成本的单件小批多步骤生产。

3) 分步法

分步法是指以生产过程中各个加工步骤(分品种)为成本核算对象归集和分配生产费用、计算产品成本的一种方法。分步法适用于大量大批多步骤生产且管理上要求分步骤计算成本的多步骤生产。

上述三种方法是计算产品成本必不可少的方法,因而是产品成本计算的基本方法。三种方法的比较如表3-1-1所示。

表 3-1-1 产品成本计算基本方法的比较

产品成本计算方法	成本核算对象	成本计算期	生产费用在完工产品与在产品之间的分配	生产特点和管理要求
品种法	产品的品种	按月计算	单步骤生产一般不需要分配；多步骤生产一般需要分配	大量大批单步骤生产或管理上不要求分步骤计算成本的大量大批多步骤生产
分批法	产品的批别或订单	按生产周期计算	一般不需要分配	单件小批单步骤生产或管理上不要求分步骤计算成本的单件小批多步骤生产
分步法	各个加工步骤（分品种）	按月计算	需要采用一定方法进行分配	管理上要求分步骤计算成本的大量大批多步骤生产

2. 辅助方法

实际工作中，除上述三种产品成本计算的基本方法外，还有辅助方法，如分类法、定额法等。辅助方法不是独立的产品成本计算方法，它们必须与三种基本的产品成本计算方法结合起来使用。

1) 分类法

分类法是指以产品的类别作为成本核算对象来归集生产费用、计算各类产品成本，然后按照一定标准在类内各种产品之间进行分配，以计算各种产品成本的一种方法。在企业产品品种、规格繁多的情况下，如果以产品的品种为成本核算对象来进行成本核算，工作量较大，此时，为了简化产品成本计算工作，可以采用分类法计算产品成本。分类法适用于产品品种、规格繁多，但每类产品的结构、所用原料、生产工艺过程基本相同的生产企业。

2) 定额法

定额法是指以产品的定额成本为基础，加上（或减去）脱离定额的差异和定额变动差异来计算产品成本的一种方法。在定额管理基础较好的企业，为了加强生产费用和产品成本的定额管理，加强成本控制，可以采用定额法来计算产品成本。定额法适用于定额管理基础较好、定额管理制度比较健全、产品与生产定型、消耗定额制定得合理且稳定的生产企业，如机械制造企业。

3.1.3 产品成本计算方法的实际应用

上述产品成本计算的基本方法是从实际成本核算工作中总结出来的典型的成本计算方法。它们分别适用于具有不同生产特点和成本管理要求的企业。在实际工作中，由于企业情况错综复杂，各个企业实际采用的成本计算方法通常不止一种。例如，一个企业由于各个车间、分厂生产的产品不同，它们的生产特点和管理要求也不相同，可能需要在一个企业或车间、分厂中同时采用几种不同的产品成本计算方法。即使是一种产品，由于它的各个生产步骤、各种半成品的生产特点和管理要求不同，在计算这种产品的成本时，可能要将几种产品成本计算方法结合起来综合加以应用。

边学边做

图 3-1-5 和图 3-1-6 所示是两种产品的生产流程图，请分析这两种产品具有怎样的生产特

点？它们各自采用哪种产品成本计算方法计算产品的成本较为合理？

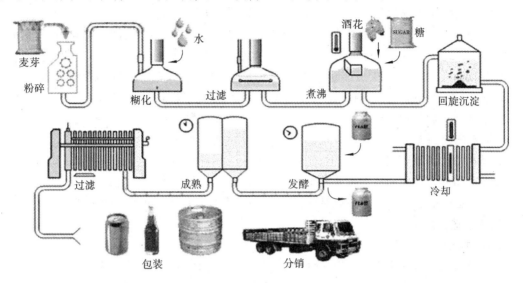

图 3-1-5 啤酒生产流程图

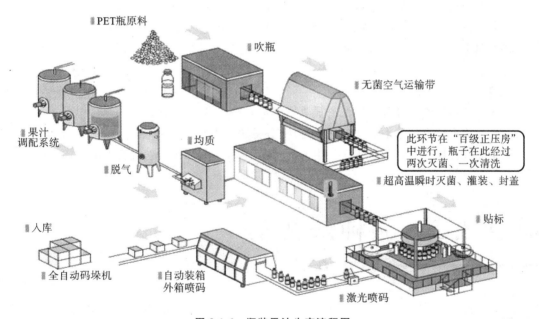

图 3-1-6 瓶装果汁生产流程图

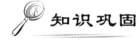 知识巩固

一、单项选择题

1. 生产特点和管理要求对产品成本计算的影响主要体现在（　　）上。
   A. 成本计算期　　　　　　　　　B. 生产费用在完工产品和月末在产品间的分配
   C. 成本核算对象　　　　　　　　D. 生产费用在不同产品间的分配
2. 下列生产类型中必须采用品种法计算产品成本的是（　　）。

A. 大量大批生产 B. 单件小批生产
C. 大量大批单步骤生产 D. 多步骤生产

3. 大量大批多步骤生产的企业,如果管理上不要求分步骤计算产品成本,则其产品成本计算应采用( )。

A. 分批法 B. 分步法 C. 品种法 D. 以上都可以

4. 企业应当根据( ),确定适合本企业的产品成本计算方法。

A. 生产特点和管理要求 B. 职工人数的多少
C. 生产规模的大小 D. 生产车间的多少

5. 品种法的特点不包括( )。

A. 以产品的品种作为成本核算对象 B. 成本计算定期按月进行
C. 以产品的批别作为成本核算对象 D. 适用于大量大批单步骤生产的企业

二、多项选择题

1. 品种法适用于( )。

A. 大量大批单步骤生产 B. 管理上不要求分步骤计算成本的多步骤生产
C. 大量大批多步骤生产 D. 小批单件且管理上不要求分步骤计算成本的多步骤生产

2. 制造业的生产按照工艺过程的不同,可分为( )。

A. 多步骤生产 B. 单步骤生产 C. 大量生产 D. 单件生产

3. 按照生产组织特点划分,制造业的生产可分为( )。

A. 大量生产 B. 成批生产 C. 多步骤生产 D. 单件生产

三、判断题

1. 区分产品成本计算基本方法的最主要的标志是成本核算对象。( )
2. 产品成本计算的基本方法包括品种法、分批法、分步法。( )
3. 企业在按照客户订单组织产品生产的情况下,应当采用品种法计算产品成本。( )

项目 3.2 品种法实务

> 温馨提示
>
> 品种法是一种最基本、最典型的产品成本计算方法,它是对前面各个项目学习后的一个总结,不但可以检验之前的学习效果,而且还能让你因为亲自完成一个项目的产品成本计算而更加有成就感。加油吧!

> 学习目标
>
> 通过对本项目的学习,你应该:
>
> 1. 能根据企业生产工艺特点和管理要求的具体条件,正确选择品种法;

2．能结合企业的具体情况设计相关的成本、费用表,运用品种法的成本核算程序进行产品成本核算。

3.2.1 品种法的含义和适用范围

1．含义

品种法是指以产品的品种为成本核算对象归集生产费用并计算产品成本的一种方法。品种法是产品成本计算最基本的方法,其他成本计算方法都是在它的基础上演变而来的。

2．适用范围

品种法适用于大量大批单步骤生产,如粮食加工、发电、采掘、供水、供气、磨面等。在大量大批的多步骤生产中,当企业或生产车间规模较小,或者生产车间是封闭式的(即按产品设立的车间,从投料到产品生产的全部过程都在一个车间内进行),或者生产是按流水线组织的,管理上不要求提供各步骤的成本资料时,也可以用品种法计算产品成本,如糖果厂、小砖瓦厂、小水泥厂、小瓷器厂、造纸厂等。

3.2.2 品种法的特点

1．成本核算对象

品种法的成本核算对象是企业所生产的产品的品种。

采用品种法计算产品成本的企业,生产类型往往是大量大批地重复生产一种或几种产品,应按产品的品种设置产品成本明细账或产品成本计算单归集生产费用。如果只生产一种产品,成本核算对象就是该种产品,产品成本明细账或产品成本计算单按该种产品设置。生产中所发生的生产费用都是直接费用,可根据有关凭证和费用分配表,直接计入该产品的有关成本项目。如果生产多种产品,成本核算对象是每一种产品。产品成本明细账或产品成本计算单就按每种产品分别设置,分别归集生产费用。生产中发生的生产费用,要区分为直接计入费用和间接计入费用,直接计入费用可根据有关凭证和费用分配表直接计入有关的成本项目;间接计入费用要采用一定的分配方法进行分配后,才能计入有关的成本项目。

2．成本计算期

大量大批的生产由于是不间断的连续生产,无法按照产品的生产周期来归集生产费用和计算产品成本,因此只能定期按月计算产品成本,进而将本月销售收入与已售产品的生产成本配比,计算当月损益。因此,品种法一般按月计算,成本计算期与会计报告期一致,与产品生产周期不一致。

3．生产费用在完工产品和在产品之间分配

在单步骤生产的企业,月末一般不存在尚未完工的产品,或者在产品的数量很小,可以不计算在产品成本,因而也就不需要将生产费用在完工产品和在产品之间进行分配。对于管理上不要求按照生产步骤计算产品成本的大量大批多步骤生产的企业,月末一般都有在产品且数量较多,这就需要将归集的生产费用采用适当的方法在完工产品和在产品之间进行分配,以便计算出完工产品成本和月末在产品成本。

3.2.3 品种法的成本核算程序

品种法的成本核算程序如下。

(1) 根据产品的品种设置产品成本明细账或产品成本计算单,在账内按成本项目设置专栏。

(2) 对生产过程中发生的各项费用进行审核,归集和分配生产费用,编制各种要素费用分配表。

(3) 归集和分配辅助生产费用,编制"辅助生产费用分配表"并进行相关账务处理。

(4) 将基本生产车间制造费用明细账归集的费用进行汇总,采用一定的方法,在该车间生产的各种产品之间进行分配,编制"制造费用分配表"并进行相关账务处理。

(5) 在月末,将计入产品成本明细账或产品成本计算单的各项生产费用连同月初在产品成本,分别按成本项目进行加总,采用适当的方法在完工产品和月末在产品之间进行分配,计算出完工产品成本和月末在产品成本,编制"完工产品成本汇总表",结转各完工入库产品生产成本。

边学边做

1. 业务说明

益民饼干厂是一家小型食品企业,主营饼干的生产与销售业务。该厂设有一个饼干生产车间。饼干生产车间大量生产苏打饼干和曲奇饼干两种产品。饼干生产车间是封闭式的,生产过程为流水线生产,主要原料为面粉、植物油、鸡蛋、食糖等。为配合企业生产经营,该厂还设有一个机修车间。机修车间为企业提供各种修理劳务。原材料都在开工时一次投入,苏打饼干和曲奇饼干共同耗用的材料按其定额耗用量比例分配;饼干生产车间工人工资和制造费用按生产工时比例分配;机修车间费用按修理工时比例分配;两种饼干采用约当产量比例法计算完工产品成本和月末在产品成本;外购费用均用转账支票支付。益民饼干厂201×年7月发生的部分经济业务原始凭证和相关分配汇总资料如下。

(1) 月初的相关资料如表 3-2-1、表 3-2-2 所示。

表 3-2-1　生产车间月初在产品盘存单

车间:饼干生产车间　　　　　　　　　　201×年7月1日

在产品名称	计量单位	数量	单位成本/(元/千克)	总成本/元	在产品加工程度
苏打饼干	千克	2 560			50%
曲奇饼干	千克	2 780			50%

表 3-2-2　月初在产品成本(一)

201×年7月1日

产品	直接材料/元	直接人工/元	制造费用/元	合计/元
苏打饼干	7 680	6 592	3 574.78	17 846.78
曲奇饼干	8 320	2 008	2 320.02	12 648.02

(2) 本月的相关资料如表 3-2-3 至表 3-2-19 所示。

表 3-2-3　领料单(八)

部门:饼干生产车间　　　　　　　　　　201×年7月1日

用途	材料名称	计量单位	数量	单价/(元/千克)	金额/元	备注
生产苏打饼干	植物油	千克	200	17.5	3 500	

续表

用途	材料名称	计量单位	数量	单价/(元/千克)	金额/元	备注

领料部门主管:王力　　　领料人:刘大为　　　保管员:董欣　　　会计:李红

表 3-2-4　领料单(九)

部门:饼干生产车间　　　　　　201×年7月1日

用途	材料名称	计量单位	数量	单价/(元/千克)	金额/元	备注
生产苏打饼干	苏打	千克	100	15	1 500	

领料部门主管:王力　　　领料人:刘大为　　　保管员:董欣　　　会计:李红

表 3-2-5　领料单(十)

部门:饼干生产车间　　　　　　201×年7月1日

用途	材料名称	计量单位	数量	单价/(元/千克)	金额/元	备注
生产苏打饼干	面粉	千克	7 600	2.5	19 000	

领料部门主管:王力　　　领料人:刘大为　　　保管员:董欣　　　会计:李红

表 3-2-6　领料单(十一)

部门:饼干生产车间　　　　　　201×年7月1日

用途	材料名称	计量单位	数量	单价/(元/千克)	金额/元	备注
生产曲奇饼干	植物油	千克	200	17.5	3 500	

领料部门主管:王力　　　领料人:刘大为　　　保管员:董欣　　　会计:李红

表 3-2-7　领料单(十二)

部门:饼干生产车间　　　　　　201×年7月1日

用途	材料名称	计量单位	数量	单价/(元/千克)	金额/元	备注
生产曲奇饼干	鸡蛋	千克	500	5.0	2 500	

领料部门主管:王力　　　领料人:刘大为　　　保管员:董欣　　　会计:李红

表 3-2-8　领料单(十三)

部门:饼干生产车间　　　　　　201×年7月1日

用途	材料名称	计量单位	数量	单价/(元/千克)	金额/元	备注
生产曲奇饼干	面粉	千克	4 800	2.5	12 000	

领料部门主管:王力　　　领料人:刘大为　　　保管员:董欣　　　会计:李红

表 3-2-9　领料单(十四)

部门:饼干生产车间　　　　　　　　　　201×年7月1日

用途	材料名称	计量单位	数量	单价/(元/千克)	金额/元	备注
生产饼干共用	食糖	千克	2 000	4.0	8 000	

领料部门主管:王力　　　　　领料人:刘大为　　　　　保管员:董欣　　　　　会计:李红

表 3-2-10　领料单(十五)

部门:饼干生产车间　　　　　　　　　　201×年7月1日

用途	材料名称	计量单位	数量	单价/(元/千克)	金额/元	备注
生产饼干共用	添加剂	千克	50	40	2 000	

领料部门主管:王力　　　　　领料人:赵立　　　　　保管员:董欣　　　　　会计:李红

表 3-2-11　领料单(十六)

部门:机修车间　　　　　　　　　　201×年7月1日

用途	材料名称	计量单位	数量	单价/(元/只)	金额/元	备注
修理用	专用漏斗	只	30	20	600	

领料部门主管:李军　　　　　领料人:刘大为　　　　　保管员:董欣　　　　　会计:李红

表 3-2-12　领料单(十七)

部门:机修车间　　　　　　　　　　201×年7月1日

用途	材料名称	计量单位	数量	单价/(元/双)	金额/元	备注
修理用	手套	双	200	2	400	

领料部门主管:李军　　　　　领料人:赵立　　　　　保管员:董欣　　　　　会计:李红

表 3-2-13　外购动力费用分配表(四)

201×年7月31日

部门	耗电量/度	单价/(元/度)	金额/元
饼干生产车间	14 200	1.00	14 200
机修车间	5 800	1.00	5 800
行政管理部门	7 000	1.00	7 000
合计	27 000	—	27 000

会计主管:孙军　　　　　　　　　　审核:姜伟　　　　　　　　　　制表:李红

表 3-2-14　职工薪酬分配表(一)
201×年 7 月 31 日

部门	各类人员	合计/元
饼干生产车间	生产苏打饼干工人	42 408
	生产曲奇饼干工人	25 992
	管理人员	4 788
机修车间		6 612
行政管理部门		2 850
合计		82 650

会计主管:孙军　　　　　审核:姜伟　　　　　制表:李红

表 3-2-15　固定资产折旧计算表(二)
201×年 7 月 31 日　　　　　　　　　　金额单位:元

使用部门及类别		原值	年折旧率/(%)	上月计提折旧额	上月增加固定资产原值	上月减少固定资产原值	本月应计提折旧额
饼干生产车间	厂房	300 000	3	9 000			9 000
	设备	50 000	6	3 000			3 000
小计		350 000		12 000			12 000
机修车间		10 000	6	600			600
行政管理部门		80 000	3	2 400			2 400
合计		440 000		15 000			15 000

会计主管:孙军　　　　　审核:姜伟　　　　　制表:李红

表 3-2-16　办公费用及其他费用分配表
201×年 7 月 31 日

部门	办公费用/元	其他费用/元	合计/元
饼干生产车间	5 000	10 400	15 400
机修车间	4 000	2 600	6 600
行政管理部门	10 000		10 000
合计	19 000	13 000	32 000

会计主管:孙军　　　　　审核:姜伟　　　　　制表:李红

表 3-2-17　产品成本入库单
交库单位:饼干生产车间　　　201×年 7 月 31 日　　　　编号:22

产品名称	计量单位	交付数量	检查结果		实收数量	备注
			合格	不合格		
苏打饼干	千克	8 000	8 000	—	8 000	
曲奇饼干	千克	6 000	6 000	—	6 000	

表 3-2-18　生产车间月末在产品盘存单

车间：饼干生产车间　　　　　　　　　201×年7月31日

在产品名称	计量单位	盘点数量	单位成本	总成本	在产品完工率
苏打饼干	千克	4 000			50%
曲奇饼干	千克	4 000			50%

表 3-2-19　定额耗用量、工时记录

部门		生产工时/时	修理工时/时	定额耗用量/千克
饼干生产车间	苏打饼干生产	4 960		5 400
	曲奇饼干生产	3 040		4 600
	车间		600	
行政管理部门			400	
合计		8 000	1 000	10 000

2．工作要求

（1）根据上述资料，开设基本生产成本明细账、辅助生产成本明细账、制造费用明细账，登记月初余额。

（2）编制各种费用分配表并填写相关的记账凭证、登记账簿。

（3）计算苏打饼干和曲奇饼干的总成本和单位成本（分配率保留4位小数，金额保留2位小数）。

3．业务办理

（1）开设基本生产成本明细账、辅助生产成本明细账、制造费用明细账等，登记月初余额。

（2）材料费用的归集和分配。

业务指导如下。

首先根据领料单编制"发料凭证汇总表"（见表3-2-20），然后根据"发料凭证汇总表"编制"材料费用分配表"（见表3-2-21）并编写会计分录，登记基本生产成本明细账、辅助生产成本明细账、制造费用明细账等。

表 3-2-20　发料凭证汇总表

201×年7月　　　　　　　　　　　　　　　　　　　　　　单位：元

材料名称	部门				合计
	饼干生产车间			机修车间	
	苏打饼干	曲奇饼干	两产品共用		
植物油	3 500	3 500			7 000
苏打	1 500				1 500
面粉	19 000	12 000			31 000
鸡蛋		2 500			2 500
食糖			8 000		8 000
添加剂			2 000		2 000

续表

材料名称	部门				合计
	饼干生产车间			机修车间	
	苏打饼干	曲奇饼干	两产品共用		
专用漏斗				600	600
手套				400	400
合计	24 000	18 000	10 000	1 000	53 000

制表：李健

表 3-2-21　材料费用分配表（六）

201×年7月　　　　　　　　　　　　　　　　　　金额单位：元

应借科目			直接计入	分配计入			合计
总账科目	明细科目	成本或费用项目		定额耗用量	分配率	分配额	
基本生产成本	苏打饼干	直接材料	24 000	5 400		5 400	29 400
	曲奇饼干	直接材料	18 000	4 600		4 600	22 600
		小计	42 000	10 000	1.000 0	10 000	52 000
辅助生产成本	机修车间	材料费	1 000				1 000
合计			43 000	—	—	10 000	53 000

会计主管：孙军　　　　　　　审核：姜伟　　　　　　　制表：李红

　　借：基本生产成本——苏打饼干　　　　　　29 400
　　　　　　　　　　　——曲奇饼干　　　　　　22 600
　　　　辅助生产成本——机修车间　　　　　　 1 000
　　　　贷：原材料——植物油　　　　　　　　 7 000
　　　　　　　　——苏打　　　　　　　　　 1 500
　　　　　　　　——面粉　　　　　　　　　31 000
　　　　　　　　——食糖　　　　　　　　　 8 000
　　　　　　　　——鸡蛋　　　　　　　　　 2 500
　　　　　　　　——添加剂　　　　　　　　 2 000
　　　　　　周转材料——低值易耗品——专用漏斗　 600
　　　　　　　　　　　　　　　　——专用手套　 400

（3）人工费用的归集和分配。

业务指导如下。

根据"职工薪酬分配表"（见表3-2-14），编写会计分录并登记有关明细账，方法同上。

　　借：基本生产成本——苏打饼干　　　　　　42 408
　　　　　　　　　　　——曲奇饼干　　　　　　25 992
　　　　制造费用——饼干生产车间　　　　　　 4 788
　　　　管理费用　　　　　　　　　　　　　 2 850
　　　　辅助生产成本——机修车间　　　　　　 6 612

贷：应付职工薪酬　　　　　　　　　　　　　　　　　　　　82 650

(4) 其他费用的归集和分配。

业务指导如下。

根据"外购动力费用分配表"(见表 3-2-13)、"固定资产折旧计算表"(见表 3-2-15)、"办公费用及其他费用分配表"(见表 3-2-16)，编制会计分录并登记有关明细账，方法同上。

　　借：辅助生产成本——机修车间　　　　　　5 800
　　　　制造费用——饼干生产车间　　　　　　14 200
　　　　管理费用　　　　　　　　　　　　　　7 000
　　贷：银行存款　　　　　　　　　　　　　　　　　　　　27 000
　　借：辅助生产成本——机修车间　　　　　　600
　　　　制造费用——饼干生产车间　　　　　　12 000
　　　　管理费用　　　　　　　　　　　　　　2 400
　　贷：累计折旧　　　　　　　　　　　　　　　　　　　　15 000
　　借：辅助生产成本——机修车间　　　　　　6 600
　　　　制造费用——饼干生产车间　　　　　　15 400
　　　　管理费用　　　　　　　　　　　　　　10 000
　　贷：银行存款　　　　　　　　　　　　　　　　　　　　32 000

(5) 辅助生产费用的分配。

业务指导如下。

①根据辅助生产成本明细账中归集的辅助费用，按各受益单位的受益数量编制"辅助生产费用分配表"(见表 3-2-22)，尾差挤入管理费用。

②根据"辅助生产费用分配表"(见表 3-2-22)，编写会计分录并登记有关明细账，方法同上。

注意：实际工作中辅助生产车间可能不止一个，而且辅助生产车间之间也互相提供劳务，在这种情况下，可采取交互分配法等方法进行辅助生产费用分配。

表 3-2-22　辅助生产费用分配表(三)

201×年 7 月 31 日

辅助车间	分配费用/元	劳务数量/千克	分配率/(元/千克)	分配费用			
				饼干生产车间		行政管理部门	
				数量/千克	金额/元	数量/千克	金额/元
机修车间	20 612.00	1 000	20.612 0	600	12 367.20	400	8 244.80

　　借：制造费用——饼干生产车间　　　　　　12 367.2
　　　　管理费用　　　　　　　　　　　　　　8 244.8
　　贷：辅助生产成本——机修车间　　　　　　　　　　　　20 612

(6) 制造费用的分配。

业务指导如下。

①根据制造费用明细账中归集的制造费用，编制"制造费用分配表"(见表 3-2-23)。

②根据制造费用分配表(见表 3-2-23)，编制会计分录并登记有关明细账，方法同上。

表 3-2-23　制造费用分配表(六)

201×年7月31日

产品名称	生产工时/时	分配率/(元/时)	分配费用/元
苏打饼干	4 960		36 428.22
曲奇饼干	3 040		22 326.98
合计	8 000	7.344 4	58 755.20

借：基本生产成本——苏打饼干　　　　36 428.22
　　　　　　　　——曲奇饼干　　　　22 326.98
　贷：制造费用——饼干生产车间　　　　　　　58 755.20

(7) 生产费用的分配。

业务指导如下。

①分配苏打饼干的生产费用，计算出月末在产品成本和完工产品成本。

首先，汇总本月生产费用。

然后，采用约当产量比例法分配生产费用。

a. 直接材料的分配。

$$在产品约当产量 = 4\,000\,千克 \times 100\% = 4\,000\,千克$$

$$材料费用分配率 = \frac{37\,080\,元}{8\,000\,千克 + 4\,000\,千克} = 3.09\,元/千克$$

$$完工产品负担的材料费用 = 8\,000\,千克 \times 3.09\,元/千克 = 24\,720\,元$$

$$在产品应负担的材料费用 = 4\,000\,千克 \times 3.09\,元/千克 = 12\,360\,元$$

说明：由于原材料是在生产开始时一次性投入，所以直接材料成本项目投料程度为100%。

b. 直接人工费用的分配。

$$在产品约当产量 = 4\,000\,千克 \times 50\% = 2\,000\,千克$$

$$人工费用分配率 = \frac{49\,000\,元}{8\,000\,千克 + 2\,000\,千克} = 4.9\,元/千克$$

$$完工产品负担的人工费用 = 8\,000\,千克 \times 4.9\,元/千克 = 39\,200\,元$$

$$在产品应负担的人工费用 = 2\,000\,千克 \times 4.9\,元/千克 = 9\,800\,元$$

c. 制造费用的分配。

$$在产品约当产量 = 4\,000\,千克 \times 50\% = 2\,000\,千克$$

$$制造费用分配率 = \frac{40\,003\,元}{8\,000\,千克 + 2\,000\,千克} = 4.000\,3\,元/千克$$

$$完工产品负担的制造费用 = 8\,000\,千克 \times 4.000\,3\,元/千克 = 32\,002.4\,元$$

$$在产品应负担的制造费用 = 2\,000\,千克 \times 4.000\,3\,元/千克 = 8\,000.6\,元$$

综上计算：

$$完工产品成本 = 24\,720\,元 + 39\,200\,元 + 32\,002.4\,元 = 95\,922.4\,元$$

$$月末在产品成本 = 12\,360\,元 + 9\,800\,元 + 8\,000.6\,元 = 30\,160.6\,元$$

②请仿照苏打饼干生产费用分配的方法计算出曲奇饼干在产品成本和完工产品成本。

编制完工产品成本汇总表(见表3-2-24)，填写产品入库单(见表3-2-25)并编写会计分录。

表 3-2-24 完工产品成本汇总表（三）
201×年7月31日

产品名称	产量	计量单位	直接材料/元	直接人工/元	制造费用/元	总成本/元	单位成本/(元/千克)
苏打饼干	8 000	千克	24 720	39 200	32 002.40	95 922.40	11.990 3
曲奇饼干	6 000	千克	18 552	21 000	18 485.40	58 037.40	9.672 9
合计	—	—	43 272	60 200	50 487.80	153 959.80	—

表 3-2-25 产品入库单（二）
201×年7月31日

交库单位：饼干生产车间　　　　　　　　　　　　　　　　　　　　　　　　编号：0020

产品名称	计量单位	交库数量	检验结果 合格	检验结果 不合格	实收数量	金额/元	备注
苏打饼干	千克	8 000	合格		8 000	95 922.40	
曲奇饼干	千克	6 000	合格		6 000	58 037.40	
合计	—	—			—	153 959.80	

仓库负责人：周明　　　保管员：董欣　　　交库人：　　　记账：李红

根据完工产品成本汇总表及产品入库单，编制如下会计分录：

借：库存商品——苏打饼干　　　95 922.40
　　　　　　——曲奇饼干　　　58 037.40
　　贷：基本生产成本——苏打饼干　　　95 922.40
　　　　　　　　　　——曲奇饼干　　　58 037.40

根据验收入库会计分录登记基本生产成本明细账（见表3-2-26、表3-2-27），转出完工产品成本。另外，登记辅助生产成本明细账（见表3-2-28）和制造费用明细账（见表3-2-29）。

表 3-2-26 基本生产成本明细账（一）

产品名称：苏打饼干

201×年 月	201×年 日	凭证字号	摘要	直接材料	直接人工	制造费用	合计
7	1		月初在产品成本	7 680.00	6 592.00	3 574.78	17 846.78
7	31	略	分配材料费用	29 400.00			29 400.00
7	31	略	分配薪酬费用		42 408.00		42 408.00
7	31	略	分配制造费用			36 428.22	36 428.22
7	31		生产费用合计	37 080.00	49 000.00	40 003.00	126 083.00
7	31	略	转出完工产品成本	24 720.00	39 200.00	32 002.40	95 922.40
7	31		月末在产品成本	12 360.00	9 800.00	8 000.60	30 160.60

表 3-2-27　基本生产成本明细账（二）

产品名称：曲奇饼干

201×年		凭证字号	摘要	直接材料	直接人工	制造费用	合计
月	日						
7	1		月初在产品成本	8 320.00	2 008.00	2 320.02	12 648.02
7	31	略	分配材料费用	22 600.00			22 600.00
7	31	略	分配薪酬费用		25 992.00		25 992.00
7	31	略	分配制造费用			22 326.98	22 326.98
7	31		生产费用合计	30 920.00	28 000.00	24 647.00	83 567.00
7	31	略	转出完工产品成本	18 552.00	21 000.00	18 485.40	58 037.40
7	31		月末在产品成本	12 368.00	7 000.00	6 161.60	25 529.60

表 3-2-28　辅助生产成本明细账（一）

车间名称：机修车间

201×年		凭证字号	摘要	借方金额分析						贷方	余额
月	日			材料费	职工薪酬	折旧费	办公费	水电费	合计		
7	31	略	分配材料费用	1 000					1 000		
7	31	略	分配薪酬费用		6 612				6 612		
7	31	略	分配动力费					5 800	5 800		
7	31	略	分配折旧费			600			600		
7	31	略	分配办公费等				6 600		6 600		
7	31		本月合计	1 000	6 612	600	6 600	5 800	20 612		
7	31	略	分配转出							20 612	0

表 3-2-29　制造费用明细账（四）

车间：饼干生产车间

201×年		凭证字号	摘要	借方金额分析						贷方	余额
月	日			职工薪酬	折旧费	办公费	水电费	修理费	合计		
7	31	略	分配薪酬费用	4 788					4 788		
7	31	略	分配动力费用				14 200		14 200		

续表

201×年		凭证字号	摘要	借方金额分析						贷方	余额
月	日			职工薪酬	折旧费	办公费	水电费	修理费	合计		
7	31	略	分配折旧费		12 000				12 000		
7	31	略	分配办公费等			15 400			15 400		
7	31	略	分配辅助生产费用					12 367.2	12 367.2		
7	31	·	本月合计	4 788	12 000	15 400	14 200	12 367.2	58 755.2		
7	31	略	分配转出							58 755.2	0

4. 总结回顾

请对上述工作程序进行梳理,画出产品成本核算的工作流程图。

拓展训练

1. 训练目的

通过实训,能熟练运用品种法进行产品成本的核算。

2. 实训资料

大华制笔有限公司是一家生产笔类文具产品的小型制造企业。该公司主要生产圆珠笔和碳素笔两种产品,采用品种法计算产品成本。该公司有一个基本生产车间,另设维修车间和恒温车间两个辅助生产车间,以为生产提供劳务。辅助生产车间之间相互提供的劳务进行交互分配,所发生的制造费用直接记入辅助生产成本账户。原材料均在生产开始时一次性投入,低值易耗品和保险费摊销期均在一年以内。由于企业月末在产品所占投产比例较小(约2%)且在产品的加工程度较高,产品单位成本又低,核算平均加工程度程序烦琐,所以对月末在产品成本采用在产品按完工产品成本计价法计算。

(1) 201×年8月产量如表3-2-30所示。

表3-2-30 本月产量资料

201×年8月   单位:盒

产品名称	月初在产品	本月投入数量	本月完工产品	月末在产品数量
圆珠笔	56	1 400	1 380	76
碳素笔	32	2 000	2 011	21

注:该公司产品圆珠笔、碳素笔的单支成本较小,产品以100支装盒后外销。为了简化核算,同时提高产品成本核算精度,我们将以盒(100支)作为产品基本单位来核算。

(2) 201×年8月月初在产品成本如表3-2-31所示。

表3-2-31 月初在产品成本(二)

201×年8月 单位:元

产品名称	直接材料	直接人工	制造费用	合计
圆珠笔	1 120	547	1 136	2 803
碳素笔	1 600	440	920	2 960

(3) 201×年8月发生的生产费用如表3-2-32至表3-2-36所示。

表3-2-32 领用原材料汇总表

领料部门:基本生产车间　　　　　　　201×年8月31日

材料名称	单位	数量 请领	数量 实发	金额/元
圆珠笔管	百支	1 400	1 400	3 000
碳素笔管	百支	2 000	2 000	5 000
圆珠笔头	百支	1 400	1 400	4 300
碳素笔头	百支	2 000	2 000	20 000
圆珠笔填充墨	百支	1 400	1 400	6 000
碳素笔填充墨	百支	2 000	2 000	23 000
防溢出保护油☆	千克	270	270	2 700
金额合计				64 000

注:本月圆珠笔的防溢出保护油定额耗用量为80千克;碳素笔的防溢出保护油定额耗用量为220千克。

表3-2-33 职工薪酬费用汇总表

201×年8月31日

员工类别	合计/元
基本生产车间生产工人	20 520
维修车间人员	3 420
恒温车间人员	2 280
基本生产车间管理人员	2 280
合计	28 500

注:圆珠笔的累计生产工时为2 000时,碳素笔的累计生产工时为4 000时。

表3-2-34 固定资产折旧费用表

201×年8月31日　　　　　　　　　　　　　　　　　　单位:元

使用部门	上月折旧额	上月增加固定资产 原值	上月增加固定资产 折旧额	上月减少固定资产 原值	上月减少固定资产 折旧	本月折旧额
基本生产车间	12 000		4 000			16 000

续表

使用部门		上月折旧额	上月增加固定资产		上月减少固定资产		本月折旧额
			原值	折旧额	原值	折旧	
辅助生产车间	维修车间	5 000				1 000	4 000
	恒温车间	3 000					3 000
	小计	8 000					7 000
合计		20 000		4 000		1 000	23 000

表 3-2-35　外购动力费用表

201×年8月31日　　　　　　　　　　　　　　　　　　　单位：元

车间名称	电费	燃料费	合计
基本生产车间	2 500		2 500
维修车间	500		500
恒温车间	1 000	1 000	2 000
合计	4 000	1 000	5 000

表 3-2-36　其他费用表

201×年8月31日　　　　　　　　　　　　　　　　　　　单位：元

车间名称	材料费	水费	低值易耗品摊销	办公费	保险费摊销	合计
基本生产车间	600	1 100	200	600	1 000	3 500
维修车间	400	100	180	120	400	1 200
恒温车间	200	1 500	100	200	700	2 700
合计	1 200	2 700	480	920	2 100	7 400

（4）辅助生产车间当月劳务量汇总表如表 3-2-37 所示。

表 3-2-37　辅助生产车间劳务量汇总表

201×年8月

受益对象	修理时间/时	受益空间/平方米
维修车间		200
恒温车间	50	
基本生产车间	870	4 600
合计	920	4 800

（5）主要的费用分配方法。

①产品共同的材料费用按定额耗用量比例进行分配。

②生产工人的薪酬费用按两种产品的生产工时比例进行分配。

③制造费用按照产品的生产工时比例进行分配。

④生产费用在完工产品与在产品之间的分配采用在产品按完工产品成本计价法。

3. 实训程序及要求

根据上述资料,完成下列工作任务(分配率保留4位小数,金额保留2位小数)。

(1) 开设成本核算账户:基本生产成本明细账、辅助生产成本明细账、制造费用明细账。

(2) 编制各项要素费用分配表(见表3-2-38至表3-2-40),并据此编制会计分录、登账。

(3) 编制"辅助生产费用分配表"(见表3-2-41),并据此编制会计分录、登账。

(4) 编制"制造费用分配表"(见表3-2-42),并据此编制会计分录、登账。

(5) 计算完工产品的总成本和单位成本(单盒成本保留4位小数,单支成本保留6位小数),编制完工产品成本汇总表(见表3-2-43)。

(6) 填制完工产品入库单(产品全部验收合格)(见表3-2-44),并据此编写会计分录、登账。

开设的成本核算账户如表3-2-45至表3-2-48所示。

表 3-2-38 材料费用分配表(七)

201×年 8 月 31 日

材料		基本生产成本/元		合计/元
		圆珠笔	碳素笔	
圆珠笔管		3 000		3 000
碳素笔管			5 000	5 000
圆珠笔头		4 300		4 300
碳素笔头			20 000	20 000
圆珠笔填充墨		6 000		6 000
碳素笔填充墨			23 000	23 000
防溢出保护油	定额耗用量			
	分配率			
	分配金额			
合计				

表 3-2-39 职工薪酬分配表(二)

201×年 8 月 31 日

借方科目		直接计入费用/元	分配计入费用			合计/元
总账科目	明细科目		生产工时/时	分配率/(元/时)	应分配金额/元	
基本生产成本	圆珠笔		2 000			
	碳素笔		4 000			
	小计		6 000			
辅助生产成本	维修车间					
	恒温车间					
	小计					
制造费用	基本生产车间					
合计						

表 3-2-40　折旧、其他费用汇总分配表

201×年8月　　　　　　　　　　　　　　　　　　　　　　　　　　　　　　　　　　　　　单位：元

借方科目		折旧费	水电费	材料费	燃料费	低值易耗摊销	保险费摊销	办公费	合计
总账科目	明细科目								
制造费用	基本生产车间								
辅助生产成本	维修车间								
	恒温车间								
合计									

表 3-2-41　辅助生产费用分配表（四）

201×年8月

项目			交互分配			对外分配		
辅助生产车间名称			维修	恒温	合计	维修	恒温	合计
待分配费用								
劳务供应量								
费用分配率								
辅助生产成本	维修车间	受益面积						
		金额						
	恒温车间	维修时间						
		金额						
制造费用	基本生产车间	劳务量						
		金额						
对外分配金额合计								

表 3-2-42　制造费用分配表（七）

201×年8月

车间：基本生产车间

产品名称	生产工时	分配率	分配金额
合计			

表 3-2-43　完工产品成本汇总表（四）

201×年8月　　　　　　　　　　　　　　　　　　　　　　　　　　　　　　　　　　　金额单位：元

成本项目	圆珠笔			碳素笔			总成本合计
	总成本	单位成本	单支成本	总成本	单位成本	单支成本	

续表

成本项目	圆珠笔			碳素笔			总成本合计
	总成本	单位成本	单支成本	总成本	单位成本	单支成本	
合计							

表 3-2-44　产品入库单(三)

201×年 8 月 31 日

交库单位：　　　　　　　　　　　　　　　　　　　　　　　　　　　　　　　编号：0020

产品名称	计量单位	交库数量	检验结果		实收数量	金额	备注
			合格	不合格			
合计	—	—			—		

表 3-2-45　基本生产成本明细账(三)

产品名称：

年		凭证字号	摘要				合计
月	日						

表 3-2-46　基本生产成本明细账(四)

产品名称：

年		凭证字号	摘要				合计
月	日						

续表

年		凭证字号	摘要				合计
月	日						

表 3-2-47 辅助生产成本明细账(二)

车间名称：

年		凭证字号	摘要	借方发生额							贷方
月	日			材料、燃料费	职工薪酬	折旧费	水电费	保险费摊销	其他	合计	

表 3-2-48 辅助生产成本明细账(三)

车间名称：

年		凭证字号	摘要	借方发生额							贷方
月	日			材料、燃料费	职工薪酬	折旧费	水电费	保险费摊销	其他	合计	

表 3-2-49　制造费用明细账(五)

车间：

年		凭证字号	摘要	借方发生额							贷方
月	日			材料、燃料费	职工薪酬	折旧费	水电费	保险费摊销	其他	合计	

(参考答案：圆珠笔 0.261 8 元/支；碳素笔 0.470 2 元/支)

4. 实训安排

项目实训由成本核算员 1 人独立完成，约需 4 课时。

5. 工作心得

_____
_____
_____
_____
_____
_____
_____
_____

项目 3.3　分批法实务

> **温馨提示**
>
> 同学们，在完成品种法实训后，相信你们对自己又多了一份自信吧！那我们就趁热打铁，继续挑战接下来的分批法，加油！

学习目标

通过对本项目的学习,你应该:
1. 能针对特定企业生产工艺特点和管理要求的具体情况,正确选择分批法;
2. 能结合企业的具体情况设计相关的成本、费用表,运用分批法的成本核算程序进行产品成本核算。

引导案例

宏发电源设备厂业务部门201×年6月签订了如表3-3-1所示的合同订单。

表3-3-1 合同订单资料(一)

合同号	单位名称	产品名称	订货量/台	7月交货量/台	8月交货量/台
601	山东某单位	SE稳压器	7	5	2
602	山西某单位	SE稳压器	4	2	2
602	山西某单位	微型电机	20	20	
602	山西某单位	小型电机	10	10	
603	四川某单位	微型电机	30	30	
604	陕西某单位	中型电机	5		5

生产部门按照上述订单根据企业的生产能力下达生产任务通知单,生产批号如表3-3-2所示。

表3-3-2 合同订单资料(二)

生产批号	产品名称	订货量/台	7月交货量/台	8月交货量/台
701	SE稳压器	11	7	4
702	微型电机	50	50	
703	小型电机	10	10	
704	中型电机	5		5

请思考:

在上述情况下,该企业是如何按产品订单调整组织生产批号的?应采用什么方法计算产品成本?具体应以什么为成本核算对象开设基本生产成本明细账?

3.3.1 分批法的含义和适用范围

1. 含义

分批法,也称订单法,是指以产品的批别或订单作为成本核算对象归集生产费用、计算产品成本的一种方法。

2. 适用范围

分批法主要适用于单件、小批生产企业,如造船、重型机械制造、精密仪器制造等,也可用于一般企业的新产品试制或实验的生产以及设备修理作业等。

3.3.2 分批法的特点

1. 成本核算对象

分批法的成本核算对象是产品的批别或订单。

在分批法下,产品批别一般根据客户的订单确定,但与订单并不完全相同。在实际工作中,根据客户的要求和生产组织的需要,一张订单可分成多个批别组织生产,相同产品的几张订单也可合为一批组织生产。例如,当一张订单包括几种产品时,为了便于考核分析各种产品的成本计划执行情况,加强生产管理,需要将该订单按照产品的品种划分成几个批别组织生产;当一张订单中虽只有一种产品,但数量极大超过企业的生产能力或者购货单位要求分批交货时,也可将该订单分为几个批别组织生产;如果一张订单中只要求生产一种产品,但该产品属于价值高、生产周期长的大型复杂产品(如万吨轮),也可将该订单按产品的零部件分为几个批别组织生产;如果在同一时期接到的几张订单要求生产的都是同一种产品,为了更经济合理地组织生产,也可将这几张订单合为一批组织生产。

2. 成本计算期

分批法的成本计算期是产品的生产周期,不同于会计报告期。

在分批法下,生产费用应按月汇总,但由于各批产品的生产周期不一致,每批产品的实际成本必须等到该批产品全部完工后才能计算确定,因而分批法的成本计算是不定期的,它的成本计算期与产品的生产周期一致,与会计报告期不一致。

3. 生产费用在完工产品和在产品之间分配

在月末,生产费用一般不需要在完工产品和在产品之间进行分配。

单件生产,月末不需要进行完工产品与在产品成本的分配;小批生产,若批内产品都能同时完工,月末也不需要进行完工产品与在产品成本的分配;当批量稍大,产品跨月陆续完工交货时,需要进行完工产品与在产品成本的分配,分配方法视具体情况而定:如果月末批内产品只有少量完工,可先按计划单位成本、单位成本定额或最近一期相同产品的实际单位成本计算完工产品成本并转出,等该批产品全部完工时,再计算该批产品的实际总成本和单位成本,而对已经结转的完工产品成本,不做账目调整;如果批内产品跨月完工的数量占全部批量的比重较大,则生产费用需采用适当方法在完工产品与在产品成本之间进行分配。

3.3.3 分批法的类型

根据间接计入费用的分配和处理方式的不同,分批法可分为两种类型,即典型分批法和简化分批法。

1. 典型分批法

1)典型分批法及其适用范围

典型分批法就是间接计入费用的当月分配法,是指将当月发生的间接计入费用全部分配给各成本核算对象,并计入各批成本明细账或成本计算单,而不论各成本核算对象的产品是否已经完工的一种方法。

典型分批法一般适用于生产周期比较短的小批、单件生产企业。

2)典型分批法的成本核算程序

(1)产品投产时,按批别或订单设置产品成本明细账(或成本计算单)。

(2) 各月份按批别或订单归集和分配生产费用,编制各种费用汇总分配表,登记产品的成本明细账(或成本计算单)。

(3) 产品完工月份,计算该批产品自开工之日起所发生的总成本和单位成本,并结转完工产品成本。

2. 简化分批法

有些小批、单件生产企业或车间,订单多、生产周期长,而实际每月完工的订单并不多。在这种情况下,如果仍将当月发生的各项生产费用全部分配给各批产品,而不论各批产品完工与否,会因产品批次众多而使得费用分配的核算工作量非常繁重。此时,为了简化核算,可采用简化分批法。

1) 简化分批法及其适用范围

简化分批法也叫不分批计算在产品成本的分批法或累计间接计入费用分配法,是指在分批法的成本计算中,只对每月已经完工批次产品进行间接计入费用的分配,对未完工批次产品应负担的间接计入费用,暂时将总额累加,待其完工后再计算的一种方法。

在工作中,对于每月发生的间接计入费用,先将其在基本生产成本二级账中,按成本项目分别累计起来,只有在有产品完工的那个月份,才对完工产品,按照其累计工时的比例分配间接计入费用,计算完工产品成本;而全部在产品应负担的间接计入费用,以总数反映在基本成本二级账中,不进行分配,不分批计算。

简化分批法一般适用于生产批次较多,月末未完工产品批次也较多的情况。

2) 简化分批法的成本核算程序

(1) 设立基本生产成本二级账,登记所有批次产品的累计生产费用和工时资料。

(2) 按批次设置基本生产成本明细账,登记该批次产品完工前的直接材料费用和生产工时。

(3) 计算累计间接计入费用分配率,进行完工产品的成本计算与期末生产费用分配。

$$某项累计间接计入费用分配率 = \frac{全部批次产品该项累计间接计入费用}{生产全部批次产品累计工时}$$

某批完工产品应负担的某项间接计入费用 = 该批完工产品耗费工时 × 该项累计间接计入费用分配率

1. 光大机器设备制造厂根据客户订单小批生产机器设备,并对外承担修理业务。该厂采用分批法计算产品成本,201×年6月份的生产情况和生产费用支出情况如下:

(1) 201×年6月份生产产品的批号。

503号:甲产品10台,5月份投产,本月全部完工;

601号:乙产品6台,本月投产,计划7月完工,本月末提前完工2台,按计划成本结转其成本;

602号:为外厂代修机床1台,尚未完工;

603号:本厂技术更新自制的设备1台,本月投产,尚未完工。

(2) 201×年6月份成本资料如下。

①各批产品的月初在产品成本如表3-3-3所示。

表 3-3-3　月初在产品成本（三）

批号	直接材料/元	燃料和动力/元	直接人工/元	制造费用/元	合计/元
503	18 000	500	1 500	700	20 700

②本月发生的生产费用和生产工时如表3-3-4所示。

表 3-3-4　本月生产费用和生产工时

批号	直接材料/元	工时/时
503		10 000
601	9 000	5 600
602	1 000	1 400
603	1 200	400
合计	11 200	17 400

生产工人薪酬45 240元，燃料和动力9 396元，制造费用31 320元，各项生产费用按工时比例分配。

③乙产品生产工时定额为950时/台；计划单位成本为直接材料1 600元/台、燃料动力800元/台、生产工人工资3 700元/台、制造费用2 400元/台。

④各批产品所需原材料均在生产开始时一次投入。

要求：

（1）以工时为标准填写生产费用分配表（见表3-3-5），在各批产品间分配燃料和动力费用、生产工人薪酬费用、制造费用。

（2）登记各批产品基本生产成本明细账（见表3-3-6至表3-3-9），计算各批产品和劳务成本。

表 3-3-5　生产费用分配表（一）

项目	生产工时/时	燃料和动力/元	直接人工/元	制造费用/元
分配率/(元/时)				
503				
601				
602				
603				
合计				

表 3-3-6　基本生产成本明细账（五）

产品批号：503　　　　　　产品名称：甲产品　　　　　　投产日期：5月×日
订货单位：××　　　　　　产品批量：10台　　　　　　　完工日期：6月×日

月	日	摘要	直接材料	燃料和动力	直接人工	制造费用	合计
5	31	月末余额	18 000	500	1 500	700	20 700

续表

月	日	摘要	直接材料	燃料和动力	直接人工	制造费用	合计

表 3-3-7　基本生产成本明细账(六)

产品批号:601　　　　　　　产品名称:乙产品　　　　　　　投产日期:6月×日
订货单位:××　　　　　　　产品批量:6台(已完工2台)　　　完工日期:7月

月	日	摘要	直接材料	燃料和动力	直接人工	制造费用	合计

表 3-3-8　基本生产成本明细账(七)

产品批号:602　　　　　　　产品名称:代修机床　　　　　　投产日期:6月×日
订货单位:××　　　　　　　产品批量:1台　　　　　　　　完工日期:

月	日	摘要	直接材料	燃料和动力	直接人工	制造费用	合计

表 3-3-9　基本生产成本明细账(八)

产品批号:603　　　　　　　　产品名称:自制新设备　　　　　投产日期:6月×日
订货单位:光大机器设备制造厂　产品批量:1台　　　　　　　　完工日期:

月	日	摘要	直接材料	燃料和动力	直接人工	制造费用	合计

续表

月	日	摘要	直接材料	燃料和动力	直接人工	制造费用	合计

【解析】

(1) 按产品的批别设置基本生产成本明细账。

(2) 以生产工时为标准填写生产费用分配表,得到表3-3-10,在各批产品之间分配燃料和动力费、生产工人薪酬费用、制造费用。

(3) 将各项生产费用登记到各批产品的基本生产成本明细账中,得到表3-3-11至表3-3-14。

(4) 计算完工产品成本,编写结转完工产品成本的会计分录。

表3-3-10　生产费用分配表(二)

项目	生产工时/时	燃料和动力/元	直接人工/元	制造费用/元
分配率/(元/时)		0.54	2.6	1.8
503	10 000	5 400	26 000	18 000
601	5 600	3 024	14 560	10 080
602	1 400	756	3 640	2 520
603	400	216	1 040	720
合计	17 400	9 396	45 240	31 320

表3-3-11　基本生产成本明细账(九)

产品批号:503　　　　　　　　产品名称:甲产品　　　　　　　　投产日期:5月×日
订货单位:××　　　　　　　　产品批量:10台　　　　　　　　完工日期:6月×日

月	日	摘要	直接材料	燃料和动力	直接人工	制造费用	合计
5	31	月末余额	18 000	500	1 500	700	20 700
6	30	本月发生的生产费用		5 400	26 000	18 000	49 400
6	30	生产费用合计	18 000	5 900	27 500	18 700	70 100
6	30	转出完工产品成本	18 000	5 900	27 500	18 700	70 100
6	30	单位成本	1 800	590	2 750	1 870	7 010

表3-3-12　基本生产成本明细账(十)

产品批号:601　　　　　　　　产品名称:乙产品　　　　　　　　投产日期:6月×日
订货单位:××　　　　　　　　产品批量:6台(已完工2台)　　　完工日期:7月

月	日	摘要	直接材料	燃料和动力	直接人工	制造费用	合计
6	30	本月发生的生产费用	9 000	3 024	14 560	10 080	36 664

续表

月	日	摘要	直接材料	燃料和动力	直接人工	制造费用	合计
6	30	生产费用合计	9 000	3 024	14 560	10 080	36 664
6	30	完工产品成本定额	1 600	800	3 700	2 400	8 500
6	30	转出完工产品成本	3 200	1 600	7 400	4 800	17 000
6	30	月末在产品成本	5 800	1 424	7 160	5 280	19 664

表 3-3-13 基本生产成本明细账(十一)

产品批号:602　　　　　　　　产品名称:代修机床　　　　　　　投产日期:6月×日
订货单位:××　　　　　　　　产品批量:1　　　　　　　　　　完工日期:

月	日	摘要	直接材料	燃料和动力	直接人工	制造费用	合计
6	30	本月发生的生产费用	1 000	756	3 640	2 520	7 916
6	30	生产费用合计	1 000	756	3 640	2 520	7 916

表 3-3-14 基本生产成本明细账(十二)

产品批号:603　　　　　　　　　产品名称:自制新设备　　　　　　投产日期:6月×日
订货单位:光大机器设备制造厂　　产品批量:1 台　　　　　　　　完工日期:

月	日	摘要	直接材料	燃料和动力	直接人工	制造费用	合计
6	30	本月发生的生产费用	1 200	216	1 040	720	3 176
6	30	生产费用合计	1 200	216	1 040	720	3 176

会计分录:
　　　　　借:库存商品——503 批甲产品　　　　　　70 100
　　　　　　　　　　——601 批乙产品　　　　　　17 000
　　　　　　贷:基本生产成本——503 批甲产品　　　　　　70 100
　　　　　　　　　　　　——601 批乙产品　　　　　　17 000

请思考:
(1) 分批法和品种法有何异同?
(2) 在采用分批法完成前述工作任务时,尽管 4 批产品中只有 2 批完工(其中 1 批是部分完工),我们还是以生产工时为标准将当月发生的各项生产费用在各批产品之间进行了分配,这样做是否比较麻烦？你知道什么更合理的方法吗？

2. 光明制造厂的生产组织方式属于小批生产。该厂的产品批别多，生产周期较长，每月末经常有大量未完工的产品批次。为了简化成本核算工作，采用简化分批法计算产品成本。

201×年9月光明制造厂各批产品生产成本的有关资料如下。

(1) 201×年9月份生产批号如下。

① 901号：A产品10件，8月投产，9月全部完工。

② 902号：B产品15件，8月投产，9月完工10件。

③ 903号：C产品5件，9月投产，尚未完工。

④ 904号：D产品20件，9月投产，尚未完工。

⑤ 905号：E产品12件，9月投产，尚未完工。

(2) 各批次产品的生产工时及在各月生产开始时一次投入的原材料费用如下。

① 901号：8月份消耗原材料10 000元、生产工时5 000时；9月份消耗原材料20 000元、生产工时8 000时。

② 902号：8月份消耗原材料6 000元、生产工时2 000时；9月份原材料消耗30 000元、生产工时22 000时。

③ 903号：消耗原材料6 000元，生产工时4 000时。

④ 904号：消耗原材料8 000元，生产工时6 600时。

⑤ 905号：消耗原材料2 000元，生产工时1 400时。

(3) 201×年9月末，该厂全部产品累计原材料费用82 000元、工时49 000时、直接人工24 500元、制造费用19 600元。

(4) 期末完工产品生产工时33 000时，其中：901号的A产品全部完工，采用实际工时确定，该批产品实际生产工时13 000时；902号的B产品部分完工，采用工时定额计算确定已完工产品的生产工时为20 000时。

要求：根据上述资料，采用简化分批法进行产品成本的核算。

【解析】

根据上述资料，登记基本生产成本二级账和各批产品成本明细账；计算和登记累计间接计入费用分配率；计算各批完工产品成本，如表3-3-15至表3-3-20所示。

表3-3-15 基本生产成本二级账

201×年		摘要	直接材料	生产工时	直接人工	制造费用	金额合计
月	日						
9	30	累计生产费用	82 000	49 000	24 500	19 600	126 100
9	30	累计间接计入费用分配率	—		0.5	0.4	
9	30	转出完工产品成本	54 000	33 000	16 500	13 200	83 700
9	30	月末在产品成本	28 000	16 000	8 000	6 400	42 400

注：表中分配率的计算方法为

直接人工分配率＝24 500元÷49 000时＝0.5元/时

制造费用分配率＝19 600元÷49 000时＝0.4元/时

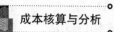

表 3-3-16　基本生产成本明细账(十三)

批号:901　　　　产品名称:A产品　　　　完工产量:10件(8月投产,9月全部完工)

201×年		摘要	直接材料	生产工时	直接人工	制造费用	金额合计
月	日						
8	31	累计生产费用	10 000	5 000			10 000
9	30	本月发生的生产费用	20 000	8 000			20 000
9	30	累计生产费用	30 000	13 000			30 000
9	30	累计间接计入费用分配率	—	—	0.5	0.4	—
9	30	分配生产费用		13 000	6 500	5 200	11 700
9	30	转出完工产品成本	30 000	13 000	6 500	5 200	41 700

表 3-3-17　基本生产成本明细账(十四)

批号:902　　　　产品名称:B产品　　　　完工产量:15件(8月投产,9月完工10件)

201×年		摘要	直接材料	生产工时	直接人工	制造费用	金额合计
月	日						
8	31	累计生产费用	6 000	2 000			6 000
9	30	本月发生的生产费用	30 000	22 000			30 000
9	30	累计生产费用	36 000	24 000			36 000
9	30	累计间接计入费用分配率	—	—	0.5	0.4	—
9	30	分配生产费用		20 000	10 000	8 000	18 000
9	30	转出完工产品成本	24 000	20 000	10 000	8 000	42 000
9	30	月末在产品	12 000	4 000			12 000

注:表中的直接材料采用约当产量比例法进行分配,完工转出的成本=(36 000÷15)×10元=24 000元。

表 3-3-18　基本生产成本明细账(十五)

批号:903　　　　产品名称:C产品　　　　完工产量:5件(9月投产,尚未完工)

201×年		摘要	直接材料	生产工时	直接人工	制造费用	金额合计
月	日						
9	30	本月累计	6 000	4 000			6 000

表 3-3-19　基本生产成本明细账(十六)

批号:904　　　　产品名称:D产品　　　　完工产量:20件(9月投产,尚未完工)

201×年		摘要	直接材料	生产工时	直接人工	制造费用	金额合计
月	日						
9	30	本月累计	8 000	6 600			8 000

续表

201×年		摘要	直接材料	生产工时	直接人工	制造费用	金额合计
月	日						

表 3-3-20　基本生产成本明细账(十七)

批号:905　　　　　产品名称:E 产品　　　　　　　　完工产量:12 件(9 月投产,尚未完工)

201×年		摘要	直接材料	生产工时	直接人工	制造费用	金额合计
月	日						
9	30	本月累计	2 000	1 400			2 000

请思考:

(1) 典型分批法和简化分批法有何区别?

(2) 采用简化分批法,基本生产成本二级账与按产品批别设置的基本生产成本明细账之间存在哪些钩稽关系?

知识巩固

一、单项选择题

1. 采用简化分批法,在产品完工之前,产品成本明细账(　　)。

A. 不登记任何费用

B. 只登记直接材料费用和生产工时

C. 只登记直接材料费用

D. 登记间接计入费用,不登记直接计入费用

2. 采用分批法计算产品成本时,应按(　　)。

A. 产品的品种设置产品成本明细账

B. 产品的批别或订单设置产品成本明细账

C. 产品的类别设置产品成本明细账

D. 产品的步骤设置产品成本明细账

3. 简化分批法是一种(　　)。

A. 分批计算在产品成本的分批法　　B. 不分批计算在产品成本的分批法

C. 不计算在产品成本的分批法　　　D. 不分批计算完工产品成本的分批法

二、多项选择题

1. 分批法的特点是(　　)。

A. 以产品的批别或订单作为成本核算对象

B. 成本的计算期不固定

C. 月末一般不需要在完工产品和在产品之间分配生产费用

D. 按产品的批别设置产品成本明细账

2. 采用简化分批法,在某批产品完工前,该批产品的成本明细账上只需按月登记(　　)。
A. 直接材料费用　　　　　　　　B. 间接计入费用
C. 生产工时数　　　　　　　　　D. 累计间接计入费用分配率

3. 简化的分批法主要适合(　　)的企业或车间采用。
A. 同一月份投产产品的批次较多　　B. 同一月份投产产品的批次较少
C. 月末未完工产品的批次较多　　　D. 月末未完工产品的批次较少

三、判断题

1. 分批法以产品的生产周期作为成本的计算期。(　　)
2. 采用简化分批法计算产品成本,全部产品某项累计间接计入费用分配率等于全部产品该项本月间接计入费用除以全部产品累计生产工时。(　　)
3. 分批法是指按照产品的批别或订单归集生产费用,计算产品成本的一种方法。(　　)
4. 相比较而言,简化分批法下的月末完工产品的批次越多,成本的核算工作就越简化。(　　)

拓展训练

1. 训练目的

通过实训,能熟练运用简化分批法计算产品成本。

2. 实训资料

飞龙集团下属的东南公司第二分厂的生产组织方式属于小批生产,该分厂的产品批别多,生产周期较长,每月月末经常有大量未完工的产品批次。为了简化核算工作,采用简化分批法计算产品成本。201×年8月该公司第二分厂有关产品成本计算的资料如下。

(1) 201×年8月份生产产品的批号如下。

① 7720号:甲产品8件,7月投产,8月全部完工。
② 7721号:乙产品10件,7月投产,8月完工4件。
③ 7822号:丙产品5件,8月投产,尚未完工。
④ 7823号:丁产品15件,8月投产,尚未完工。
⑤ 7824号:戊产品12件,8月投产,尚未完工。

(2) 201×年8月份有关成本资料如下。

① 各批产品原材料消耗及生产工时如表3-3-21所示。

表3-3-21　原材料消耗及生产工时

批号	产品名称	7月份		8月份	
		生产工时/时	原材料/元	工时/时	原材料/元
7720	甲产品	4 000	8 000	5 020	10 000
7721	乙产品	1 500	4 000	20 000	20 000
7822	丙产品			3 200	5 600
7823	丁产品			3 000	5 200
7824	戊产品			2 100	5 000

②8月末,该厂全部产品累计原材料费用 57 800 元、生产工时 38 820 时、直接人工 15 528 元、制造费用 23 292 元。

③期末完工产品生产工时 23 020 时,其中:7720 号的甲产品全部完工,采用实际工时确定,该批产品全部实际生产工时 9 020 时;7721 号的乙产品部分完工,完工产品的生产工时采用定额工时计算确定为 14 000 时。7721 号乙产品的直接材料费用按完工产品和在产品的数量比例分配。

3. 实训程序及要求

(1) 设置基本生产成本二级账(见表 3-3-22),累计全部产品的生产费用和生产工时;按产品的批别设立基本生产成本明细账(见表 3-3-23 至表 3-3-27),登记直接计入费用(如直接材料)和生产工时。

(2) 计算累计间接计入费用分配率,按产品累计工时的比例将累计的生产费在各批完工产品之间进行分配,登记完工产品的基本生产成本明细账,计算完工产品成本(分配率保留 4 位小数,金额保留 2 位小数)。

表 3-3-22　基本生产成本二级账

年		摘要	直接材料	生产工时	直接人工	制造费用	金额合计
月	日						
		累计生产费用					
		累计间接计入费用分配率					
		转出完工产品成本					
		月末在产品成本					

表 3-3-23　基本生产成本明细账(十八)

批号:　　　　产品名称:　　　　产品批量:　　件　　　　完工产量:　　件

年		摘要	直接材料	生产工时	直接人工	制造费用	金额合计
月	日						
		月初余额					
		本月发生的生产费用及工时					
		累计数及间接计入费用分配率					
		转出完工产品成本					
		完工产品单位成本					

表 3-3-24　基本生产成本明细账(十九)

批号:　　　　产品名称:　　　　产品批量:　　件　　　　完工产量:　　件

年		摘要	直接材料	生产工时	直接人工	制造费用	金额合计
月	日						
		月初余额					

续表

年		摘要	直接材料	生产工时	直接人工	制造费用	金额合计
月	日						
		本月发生的生产费用及工时					
		累计数及间接计入费用分配率					
		转出完工产品成本					
		月末在产品成本					

表 3-3-25　基本生产成本明细账（二十）

批号：　　　　产品名称：　　　　产品批量：　　件　　　　完工产量：　　件

年		摘要	直接材料	生产工时	直接人工	制造费用	金额合计
月	日						
		本月发生的生产费用及工时					

表 3-3-26　基本生产成本明细账（二十一）

批号：　　　　产品名称：　　　　产品批量：　　件　　　　完工产量：　　件

年		摘要	直接材料	生产工时	直接人工	制造费用	金额合计
月	日						
		本月发生的生产费用及工时					

表 3-3-27　基本生产成本明细账（二十二）

批号：　　　　产品名称：　　　　产品批量：　　件　　　　完工产量：　　件

年		摘要	直接材料	生产工时	直接人工	制造费用	金额合计
月	日						
		本月发生的生产费用及工时					

4. 实训安排

项目实训由成本核算员1人独立完成，约需2课时。

项目 3.4　分步法实务

> **温馨提示**
>
> 本项目是成本核算中最复杂的和最具有挑战性的。如果把这块"硬骨头"拿下,那么你就有能力去驾驭企业的成本核算了。继续努力吧!

> **学习目标**
>
> 通过对本项目的学习,你应该:
> 1. 知道分步法的适用范围,会根据企业具体的生产特点和管理要求正确选择分步法;
> 2. 能结合企业的具体情况设计相关的成本、费用表格,运用分步法进行产品成本核算;
> 3. 会进行产品成本还原。

3.4.1　分步法及其适用范围

1. 含义

分步法是指按照生产过程中各个加工步骤(分品种)为成本核算对象归集和分配生产费用、计算产品成本的一种方法。

2. 适用范围

分步法适用于大量大批的多步骤生产并且在管理上要求按照生产步骤核算产品成本的企业。例如纺织企业,它的生产过程分为纺纱、织布、印染等若干个生产步骤,各步骤上的半成品或者作为商品外销,或者为本企业多种产品所共同耗用,通常不仅要求按照产品品种计算成本,而且要求按照生产步骤计算各步骤半成品成本,以便于企业考核和分析各种产品及其各生产步骤成本计划的完成情况,促进企业节约生产费用、降低产品成本。

3.4.2　分步法的特点

1. 成本核算对象

分步法的成本核算对象为生产过程中各个加工步骤(分品种)。

在计算产品成本时,应当按照生产过程中各个加工步骤(分品种)设立产品成本明细账。如果企业只生产一种产品,成本核算对象就是该种产品及其所经过的各生产步骤,产品成本明细账就应该按照该产品的生产步骤开设;如果企业生产多种产品,成本核算对象就是各种产品及其所经过的各生产步骤,产品成本明细账应该按照每种产品所经过的不同生产步骤分别开设。

2. 按月定期计算成本

在大量大批多步骤生产企业中,产品生产往往是连续不断跨月进行、陆续完工的,因而无法

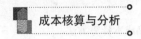

准确划分生产周期。但是出于及时进行成本考核的需要,成本计算工作只能按月定期进行。因此,分步法的成本计算期与会计报告期一致,与产品的生产周期不一致。

3. 生产费用的分配

生产费用一般需要在完工产品与在产品之间进行分配。

对于大量大批多步骤生产的企业,由于其产品的生产周期比较长,产品的生产往往要跨月进行,月份内各生产步骤一般都存在未完工的在产品。因此,月末计算产品成本时,需要采用一定的方法,将归集在产品成本明细账上的生产费用在完工产品和在产品之间进行分配,计算出完工产品成本和在产品成本。

4. 各步骤半成品成本(或计入产品成本份额)的结转

由于产品生产是按步骤进行的,半成品需要在各步骤之间流转,所以在分步法下,需要进行各步骤半成品成本(或计入产品成本份额)的结转,以进行产品总成本和单位成本的计算。

3.4.3 分步法的分类

在实际工作中,由于企业管理要求不同,以及各生产步骤的成本计算和结转方式不同,分步法可进行不同分类。根据各生产步骤是否需要计算半成品成本,分步法分为逐步结转分步法和平行结转分步法。

1. 逐步结转分步法

1) 含义

逐步结转分步法是指根据产品生产工艺流程,按顺序分步骤计算各步骤自制半成品成本并结转下一步骤,最终计算完工产品生产成本的方法。

2) 适用范围

逐步结转分步法主要适用于半成品需要对外销售、管理上要求提供各步骤半成品成本资料的大量大批连续式多步骤生产的企业。

3) 特点

(1) 成本归集与结转。

在逐步结转分步法下,按照产品的加工顺序,分别计算各步骤半成品(或产成品)成本,并将成本依次结转,直至最后步骤,计算出完工产品的成本。

(2) 半成品成本的构成。

在逐步结转分步法下,半成品成本是由上一步骤转来的半成品成本和本步骤发生的生产费用汇总构成的。

4) 分类

按照上一步骤半成品成本转入下一步骤产品成本明细账的方式不同,逐步结转分步法又可分为综合结转分步法和分项结转分步法两种方法。

(1) 综合结转分步法。

综合结转分步法是指将上一步骤转入下一步骤的半成品成本,不分成本项目,全部转入下一步骤产品成本明细账中的直接材料成本项目或专设的自制半成品成本项目,综合反映各步骤耗上一步骤所产半成品成本的方法。半成品成本的综合结转可以按照实际成本结转,也可以按照计划成本或定额成本结转,具体方式有不通过自制半成品库收发和通过自制半成品库收发两种,如图 3-4-1、图 3-4-2 所示。

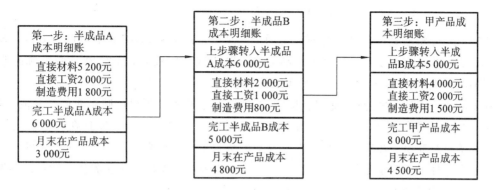

图 3-4-1　逐步结转分步法计算流程图(半成品不通过自制半成品库收发)

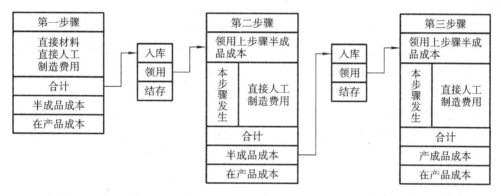

图 3-4-2　逐步结转分步法计算流程图(半成品通过自制半成品库收发)

在综合结转分步法下,需要进行产品成本还原。所谓的产品成本还原,就是指把本月产成品耗用前一步骤半成品的综合成本,按照本月该半成品的实际成本构成项目进行还原,并依次往前推,最终使产成品的成本项目反映原始的成本构成。具体方法是:从最后一个步骤开始还原,把所耗上一步骤半成品的综合成本分解为上一步骤的成本项目数额,上一步骤再进行还原,之后将各步骤相同的成本项目数额相加,即可求得按原始成本项目反映的产成品成本。实际工作中,产品成本还原常通过编制"产品成本还原计算表"来完成。

产品成本还原的计算公式如下。

方法 1:项目比重还原法。

$$上步骤完工半成品某成本项目比重=\frac{上步骤完工半成品该成本项目金额}{本月所产该种完工半成品成本合计}$$

半成品某成本项目还原值=本月产成品耗用上步骤半成品成本
　　　　　　　　　　×上步骤完工半成品该成本项目比重

方法 2:产品还原分配率法。

$$产品成本还原分配率=\frac{本月产成品所耗用上一步骤半成品成本}{本月所产该种完工半成品成本合计}$$

半成品某成本项目还原值=上步骤完工半成品该成本项目金额×产品成本还原分配率

还原后产成品总成本=还原后最终步骤的直接材料费用
　　　　　　　　　+还原后各步骤的直接人工费用
　　　　　　　　　+还原后各步骤的制造费用
　　　　　　　　　+……

(2) 分项结转分步法。

分项结转分步法是指将各步骤所耗用的上一步骤半成品成本,按成本项目分项转入各步骤成本明细账中的各成本项目。如果半成品通过自制半成品库收发,那么,在自制半成品明细账中登记半成品成本时,也要按照成本项目分别登记。

分项结转分步法的特点是:能够直接地、准确地按原始成本项目反映企业的产品成本构成,不需要进行产品成本还原。但采用这种方法,成本结转工作比较复杂,而且在各步骤完工产品成本中看不出所耗上一步骤半成品成本以及本步骤发生的生产费用。所以,分项结转分步法一般适用于在管理上不要求考核各步骤所耗上一步骤半成品成本以及本步骤生产费用的情况。

2. 平行结转分步法

1) 含义

平行结转分步法是指各生产步骤不计算也不结转本步骤完工半成品成本,只归集本步骤自身发生的费用和计算这些费用中应由最终完工产成品成本负担的部分,也即应计入最终完工产成品成本的份额,最后将这些份额进行平行结转、汇总计算产品成本的方法。

2) 适用范围

平行结转分步法主要适用于多步骤装配式生产企业。这类企业通常半成品种类很多且多为自用很少对外销售,管理上也不要求计算各步骤半成品成本。

3) 特点

平行结转分步法的特点如下。

(1) 各生产步骤不计算半成品成本,只核算本步骤发生的生产费用(除第一步骤外)。

(2) 各步骤半成品成本不随半成品实物转移而转移。采用这一方法,半成品不论是在各生产步骤之间直接转移,还是通过半成品库收发,都不通过自制半成品账户进行总分类核算。

(3) 各步骤生产费用总额需要在产成品和广义在产品之间进行分配。采用平行结转分步法,每一生产步骤的生产费用都需要在产成品与月末在产品之间进行分配。但必须指出,这里的在产品与逐步结转分步法的在产品不同,它不仅包括各步骤正在加工的在产品,还包括本步骤已经加工完成并转入下一步骤或半成品库,还需继续加工的那些自制半成品,这是针对整个企业而言的广义在产品。

4) 基本核算程序

平行结转分步法的基本核算程序如下。

(1) 按产品和加工步骤设置成本明细账。

(2) 各步骤成本明细账分别按成本项目归集本步骤发生的生产费用(但不包括耗用上一步骤半成品的成本)。

(3) 月末将各步骤归集的生产费用在产成品与广义在产品之间进行分配,计算各步骤费用中应计入产成品成本的"份额"。

(4) 将各步骤费用中应计入产成品成本的"份额"按成本项目平行结转,汇总计算产成品的总成本及单位成本。

平行结转分步法的成本核算程序如图 3-4-3 所示。

5) 各步骤费用中应计入产成品成本"份额"的确定

计算公式如下。

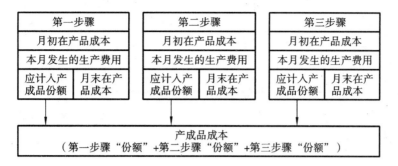

图 3-4-3 平行结转分步法的成本核算程序

某步骤应计入产品成本的份额＝产成品产量×单位产成品耗用该步骤半成品的数量×该步骤单位半成品成本

某步骤单位半成品成本＝$\dfrac{该步骤月初在产品成本＋该步骤本月发生的生产费用}{该步骤产品约当总产量}$

某步骤产品约当总产量＝本月最终产成品数量＋该步骤广义在产品约当产量

某步骤广义在产品约当产量＝该步骤狭义在产品约当产量＋以后各步骤期末在产品数量（包括转入半成品库的半成品数量）

案例

1. 益民工厂A产品生产分两个步骤，分别由第一、第二两个生产车间完成（第一步骤完工的A半成品全部移交给第二步骤耗用，不通过自制半成品库收发），201×年5月份有关资料如表3-4-1、表3-4-2所示。

表 3-4-1　基本生产成本明细账（二十三）

车间：第一车间　　　　　　　　产品名称：A半成品

摘要	直接材料	直接人工	制造费用	合计
月初在产品成本	4 000	1 200	2 800	8 000
本月发生的生产费用	10 000	1 800	6 200	18 000
生产费用合计				
转出完工A半成品成本				
月末在产品成本	6 000	1 000	4 000	11 000

表 3-4-2　基本生产成本明细账（二十四）

车间：第二车间　　　　　　　　产品名称：A产品

摘要	自制半成品	直接人工	制造费用	合计
月初在产品成本	3 000	1 500	500	5 000
本月发生的生产费用	—	8 000	3 000	11 000
上车间转入A半成品成本				
生产费用合计				

续表

摘要	自制半成品	直接人工	制造费用	合计
转出完工 A 产品成本				
月末在产品成本	4 500	1 600	600	6 700

要求：采用综合结转分步法计算第一步骤 A 半成品成本和第二步骤完工 A 产品成本，登记基本生产成本明细账表。

【解析】

登记好的基本生产成本明细账如表 3-4-3、表 3-4-4 所示。

表 3-4-3 基本生产成本明细账（二十五）

车间：第一车间　　　　　　　　　　　产品名称：A 半成品

摘要	直接材料	直接人工	制造费用	合计
月初在产品成本	4 000	1 200	2 800	8 000
本月发生的生产费用	10 000	1 800	6 200	18 000
生产费用合计	14 000	3 000	9 000	26 000
转出完工 A 半成品成本	8 000	2 000	5 000	15 000
月末在产品成本	6 000	1 000	4 000	11 000

表 3-4-4 基本生产成本明细账（二十六）

车间：第二车间　　　　　　　　　　　产品名称：A 产品

摘要	自制半成品	直接人工	制造费用	合计
月初在产品成本	3 000	1 500	500	5 000
本月发生的生产费用	—	8 000	3 000	11 000
上车间转入 A 半成品成本	15 000			15 000
生产费用合计	18 000	9 500	3 500	31 000
转出完工 A 产品成本	13 500	7 900	2 900	24 300
月末在产品成本	4 500	1 600	600	6 700

2. 大华工厂甲产品通过第一、第二两个基本生产车间连续生产完成。第一车间生产出的甲半成品供第二车间继续加工（甲半成品通过自制半成品库收发，其入库单、领用单均略），最终生产出甲产品。第二车间所耗甲半成品成本采用加权平均法计算，两个车间的月末在产品成本均按照定额成本计价。相关资料如表 3-4-5 至表 3-4-7 所示。

表 3-4-5 基本生产成本明细账（二十七）

车间：第一车间　　　　　　　　　　　产品名称：甲半成品

月	日	摘要	产量	直接材料	直接人工	制造费用	金额合计
6	30	月末在产品成本（定额成本）		27 600	9 000	18 000	54 600
7	31	本月发生的生产费用		147 000	73 500	132 000	352 500
7	31	生产费用合计					

续表

月	日	摘要	产量	直接材料	直接人工	制造费用	金额合计
7	31	转出完工甲半成品成本	20 000				
7	31	月末在产品成本（定额成本）		15 600	4 500	9 000	29 100

表 3-4-6　自制半成品库存表（一）

产品名称：甲半成品

月份	月初余额		本月增加		合计			本月减少	
	数量	实际成本	数量	实际成本	数量	实际成本	单位成本	数量	实际成本
7	8 000	282 000						24 000	
8									

表 3-4-7　基本生产成本明细账（二十八）

车间：第二车间　　　　　　　　　　产品名称：甲产品

月	日	摘要	产量	自制半成品	直接人工	制造费用	金额合计
6	30	月末在产品成本（定额成本）		63 000	5 760	12 000	80 760
7	31	本月发生的生产费用			65 940	159 600	
7	31	生产费用合计					
7	31	转出完工甲产品成本	10 000				
7	31	月末在产品成本（定额成本）		105 000	10 800	22 500	138 300

要求：

（1）采用综合结转分步法计算甲半成品成本和甲产品成本，编写相应的会计分录，并登记基本生产明细账。

（2）计算、填写自制半成品库存表。

【解析】

登记好的第一车间基本生产明细账如表 3-4-8 所示，自制半成品库存表如表 3-4-9 所示，第二车间基本生产明细账如表 3-4-10 所示。

表 3-4-8　基本生产成本明细账（二十九）

车间：第一车间　　　　　　　　　　产品名称：甲半成品

月	日	摘要	产量	直接材料	直接人工	制造费用	金额合计
6	30	月末在产品成本（定额成本）		27 600	9 000	18 000	54 600
7	31	本月发生的生产费用		147 000	73 500	132 000	352 500
7	31	生产费用合计		174 600	82 500	150 000	407 100
7	31	转出完工甲半成品成本	20 000	159 000	78 000	141 000	378 000
7	31	月末在产品成本（定额成本）		15 600	4 500	9 000	29 100

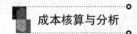

表 3-4-9　自制半成品库存表（二）

产品名称：甲半成品

月份	月初余额		本月增加		合计			本月减少	
	数量	实际成本	数量	实际成本	数量	实际成本	单位成本	数量	实际成本
7	8 000	282 000	20 000	378 000	28 000	660 000	23.57	24 000	565 680
8	4 000	94 320							

表 3-4-10　基本生产成本明细账（三十）

车间：第二车间　　　　　　　　产品名称：甲产品

月	日	摘要	产量	自制半成品	直接人工	制造费用	金额合计
6	30	月末在产品成本（定额成本）		63 000	5 760	12 000	80 760
7	31	本月发生的生产费用		565 680	65 940	159 600	791 220
7	31	生产费用合计		628 680	71 700	171 600	871 980
7	31	转出完工甲产品成本	10 000	523 680	60 900	149 100	733 680
7	31	月末在产品成本（定额成本）		105 000	10 800	22 500	138 300

会计分录：

　　　　借：自制半成品——甲半成品　　　　　　　378 000
　　　　　　贷：基本生产成本——第一车间（甲半成品）　　　378 000
　　　　借：基本生产成本——第二车间（甲产品）　565 680
　　　　　　贷：自制半成品——甲半成品　　　　　　　　565 680
　　　　借：库存商品——甲产品　　　　　　　　　733 680
　　　　　　贷：基本生产成本——第二车间（甲产品）　　　733 680

请思考：

(1) 经上述计算，你知道本月生产的 10 000 件甲产品总成本和单位成本各自是多少吗？

(2) 你能说出完工甲产品耗用了多少材料费、人工费、制造费用吗？表 3-4-10 中登记的是甲产品原始的成本构成么？

(3) 怎样获知最终产成品成本中各成本项目的原始构成？

◇ **小贴示**

> 采用综合结转分步法计算出来的产品成本，不能反映其各成本项目的原始构成。在实际工作中，基于成本管理的需要，通常得知道产品成本的原始构成，因此就需要进行产品成本的还原。

案例

以上述案例 2 大华工厂的资料为依据，进行甲产品成本还原（产品成本还原分配率保留 4 位小数，金额保留 2 位小数），填写产品成本还原计算表（见表 3-4-11）。

表 3-4-11　产品成本还原计算表（一）

金额单位：元

项目	产品成本还原分配率	自制半成品	直接材料	直接人工	制造费用	合计
还原前甲产品成本						
本月所产甲半成品成本						
产品成本还原						
还原后甲产品成本						

【解析】

填写好的产品成本还原计算表如表 3-4-12 所示。

表 3-4-12　产品成本还原计算表（二）

金额单位：元

项目	产品成本还原分配率	自制半成品	直接材料	直接人工	制造费用	合计
还原前甲产品成本	—	523 680.00		60 900.00	149 100.00	733 680.00
本月所产甲半成品成本	—		159 000.00	78 000.00	141 000.00	378 000.00
产品成本还原	1.385 4		220 278.60	108 061.20	195 340.20	523 680.00
还原后甲产品成本			220 278.60	168 961.20	344 440.20	378 000.00

注：

$$产品成本还原分配率 = \frac{523\ 680.00\ 元}{378\ 000.00\ 元} = 1.385\ 4\ 元/元$$

产品成本还原：直接材料 = 159 000 元 × 1.385 4 元/元 = 220 278.60 元

直接人工 = 78 000.00 元 × 1.385 4 元/元 = 108 061.20 元

制造费用 = 523 680.00 元 − 220 278.60 元 − 108 061.20 元 = 195 340.20 元

还原后甲产品成本为

直接材料 = 220 278.60 元

直接人工 = 60 900.00 元 + 108 061.20 元 = 168 961.20 元

制造费用 = 149 100.00 元 + 195 340.20 元 = 344 440.20 元

◇小贴士

产品成本还原率法没有考虑以前月份所产的半成品成本结构对本月产成品所耗半成品成本结构的影响，因此，在各月份半成品成本结构变动较大的情况下，对还原结果的正确性会有一定的影响。

案例

1. 201×年9月，东盛工厂A产品生产顺序经过3个生产步骤，即由第一、二、三3个生产车间进行。第一车间生产完工的甲半成品供第二车间继续加工，生产出乙半成品；第二车间生产完工的乙半成品供第三车间继续加工,生产出A产品,A产品完工后验收入库。各车间的半成品不通过自制半成品库收发而是直接交下个车间继续生产。本月的产量资料如表3-4-13所示,月初在产品及本月发生的生产费用如表3-4-14所示。原材料在生产开始时一次性投入,各步骤在产品加工程度均为50%。

要求:

(1)采用分项结转分步法计算各步骤半成品成本和最终产成品成本(在产品成本计算单(见表3-4-15至表3-4-17)中完成即可)。

(2)编写各步骤移交自制半成品的会计分录。

(3)编制完工产品成本汇总表(表3-4-18)及产成品验收入库的会计分录。

表3-4-13 产量记录(二)

产品名称:A产品　　　　　　　　　　201×年9月　　　　　　　　　　　　　　单位:件

项目	第一车间	第二车间	第三车间
月初在产品	100	30	110
本月投入或上步骤转入	80	120	130
本月完工(转下步骤或入库)	120	130	160
月末在产品	60	20	80

表3-4-14 生产费用记录资料

产品名称:A产品　　　　　　　　　　201×年9月　　　　　　　　　　　　　　单位:元

项目	第一车间	第二车间	第三车间
月初在产品成本	10 000	7 500	10 430
其中:直接材料	7 000	3 000	2 600
(1)本步骤发生	7 000		
(2)上步骤转入		3 000	2 600
直接人工		2 700	4 840
(1)本步骤发生	2 000	1 500	2 500
(2)上步骤转入		1 200	2 340
制造费用		1 800	2 990
(1)本步骤发生	1 000	1 200	1 300
(2)上步骤转入		600	1 690
本月各步骤发生的生产费用	17 000	10 600	6 000
其中:直接材料	11 000		
直接人工	4 000	5 500	3 500
制造费用	2 000	5 100	2 500

表 3-4-15　产品成本计算单(二十)

车间:第一车间　　　　　　　产品名称:甲半成品　　　　　　　金额单位:元

摘要	直接材料	直接人工	制造费用	合计
月初在产品成本				
本月本步骤发生的生产费用				
生产费用合计				
本月完工甲半成品数量				
月末在产品约当产量				
约当总产量				
完工甲半成品单位成本				
转出完工甲半成品成本				
月末甲在产品成本				

表 3-4-16　产品成本计算单(二十一)

车间:第二车间　　　　　　　产品名称:乙半成品　　　　　　　金额单位:元

摘要	直接材料		直接人工		制造费用		合计
	上步转入	本步发生	上步转入	本步发生	上步转入	本步发生	
月初在产品成本							
本月本步骤发生的生产费用							
本月上步骤转入的生产费用							
生产费用合计							
完工乙半成品数量							
月末在产品约当产量							
约当总产量							
完工乙半成品单位成本							
转出完工乙半成品成本							
月末乙在产品成本							

表 3-4-17　产品成本计算单(二十二)

车间:第三车间　　　　　　　产品名称:A产品　　　　　　　金额单位:元

摘要	直接材料		直接人工		制造费用		合计
	上步转入	本步发生	上步转入	本步发生	上步转入	本步发生	
月初在产品成本							
本月本步骤发生的生产费用							
本月上步骤转入的生产费用							
生产费用合计							
完工A产品数量							

续表

摘要	直接材料		直接人工		制造费用		合计
	上步转入	本步发生	上步转入	本步发生	上步转入	本步发生	
月末在产品约当产量							
约当总产量							
完工A产品单位成本							
转出完工A产品成本							
月末在产品成本							

表 3-4-18　完工产品成本汇总表(五)

产品名称：　　　产量：　　件　　201×年 9 月　　　　　　　　　　单位:元

项目	直接材料	直接人工	制造费用	合计
完工产品总成本				
完工产品单位成本				

【解析】

(1) 计算本月第一车间生产的甲半成品成本，如表 3-4-19 所示。该步骤是生产的第一步骤，与综合结转分步法下的成本核算没有区别。

表 3-4-19　产品成本计算单(二十三)

车间：第一车间　　　　　　　产品名称：甲半成品　　　　　　　金额单位:元

摘要	直接材料	直接人工	制造费用	合计
月初在产品成本	7 000	2 000	1 000	10 000
本月本步骤发生的生产费用	11 000	4 000	2 000	17 000
生产费用合计	18 000	6 000	3 000	27 000
本月完工甲半成品数量	120	120	120	120
月末在产品约当产量	60	30	30	—
约当总产量	180	150	150	—
完工甲半成品单位成本	100	40	20	160
转出完工甲半成品成本	12 000	4 800	2 400	19 200
月末甲在产品成本	6 000	1 200	600	7 800

会计分录如下。

　　　　借：基本生产成本——第二车间(乙半成品)　　19 200
　　　　　贷：基本生产成本——第一车间(甲半成品)　　　　19 200

(2) 计算本月第二车间生产的乙半成品成本，如表 3-4-20 所示。

第二车间生产的乙半成品成本中包含了上一步骤转入的甲半成品成本。在分项结转分步法下，将第一车间完工的半成品总成本，按成本项目分别转入第二车间产品成本计算单相应的成本项目中。从表 3-4-20 中可知，第二车间的产品成本计算单中各个成本项目都分为了上步转入和本步发生两部分,这也是分项结转分步法的特点之一。

表 3-4-20　产品成本计算单(二十四)

车间:第二车间　　　　　　　产品名称:乙半成品　　　　　　　金额单位:元

摘要	直接材料		直接人工		制造费用		合计
	上步转入	本步发生	上步转入	本步发生	上步转入	本步发生	
月初在产品成本	3 000		1 200	1 500	600	1 200	7 500
本月本步骤发生的生产费用				5 500		5 100	10 600
本月上步骤转入的生产费用	12 000		4 800		2 400		19 200
生产费用合计	15 000		6 000	7 000	3 000	6 300	37 300
完工乙半成品数量	130		130	130	130	130	—
月末在产品约当产量	20		20	10	20	10	—
约当总产量	150		150	140	150	140	—
完工乙半成品单位成本	100		40	50	20	45	—
转出完工乙半成品成本	13 000		5 200	6 500	2 600	5 850	33 150
月末乙在产品成本	2 000		800	500	400	450	4 150

会计分录如下。

　　借:基本生产成本——第三车间(A产品)　　　　33 150
　　　　贷:基本生产成本——第二车间(乙半成品)　　　　33 150

(3)计算本月第三车间生产的 A 产品成本,如表 3-4-21 所示。

第三步骤产品成本计算单的设置及成本的计算与第二步骤的相同。月末,根据本步骤产品成本计算单的计算结果,编制"完工产品成本汇总表",如表 3-4-22 所示,并据此编写本月结转完工入库 A 产品成本的会计分录。

表 3-4-21　产品成本计算单(二十五)

车间:第三车间　　　　　　　产品名称:A产品　　　　　　　金额单位:元

摘要	直接材料		直接人工		制造费用		合计
	上步转入	本步发生	上步转入	本步发生	上步转入	本步发生	
月初在产品成本	2 600		2 340	2 500	1 690	1 300	10 430
本月本步骤发生的生产费用				3 500		2 500	6 000
本月上步骤转入的生产费用	13 000		11 700		8 450		33 150
生产费用合计	15 600		14 040	6 000	10 140	3 800	49 580
完工 A 产品数量	160		160	160	160	160	—
月末在产品约当产量	80		80	40	80	40	—
约当总产量	240		240	200	240	200	—
完工 A 产品单位成本	65		58.5	30	42.25	19	—
转出完工 A 产品成本	10 400		9 360	4 800	6 760	3 040	34 360
月末在产品成本	5 200		4 680	1 200	3 380	760	15 220

表 3-4-22 完工产品成本汇总表(六)

产品名称:A产品　　　　　产量:160件　　　　　201×年9月　　　　　单位:元

项目	直接材料	直接人工	制造费用	合计
完工产品的总成本	10 400	14 160	9 800	34 360
完工产品的单位成本	65	88.5	61.25	214.75

完工产品入库的会计分录:
　　　借:库存商品——A产品　　　　　　　　　　　34 360
　　　　贷:基本生产成本——第三车间(A产品)　　　　34 360

2. 某企业生产F产品,依次经过第一、二、三3个基本生产车间加工。原材料在第一车间生产开始时一次性投入,各车间直接人工和制造费用发生比较均衡,月末各车间在产品加工程度均为50%,采用平行结转分步法计算F产品的成本,采用约当产量比例法计算各步骤应计入产成品成本中的份额。产量资料如表3-4-23所示。

表 3-4-23 产量资料　　　　　　　　　　　　　　　　　　　　　　　单位:件

项目	第一车间	第二车间	第三车间
月初在产品	50	100	150
本月投产或上步骤转入	450	400	300
本月完工产品	400	300	400
月末在产品	100	200	50

要求:请计算下述情况下各车间月末广义在产品的约当产量。
(1)分配直接材料费用时;
(2)分配直接人工费和制造费用时。

【解析】
(1)第一车间月末广义在产品的约当产量。
分配直接材料费用时:
　　　　　　100件×100%+200件+50件=350件
分配直接人工费和制造费用时:
　　　　　　100件×50%+200件+50件=300件
(2)第二车间月末广义在产品的约当产量。
分配人工费用和制造费用时:
　　　　　　200件×50%+50件=150件
(3)第三车间月末广义在产品的约当产量。
分配直接人工费和制造费用时:
　　　　　　50件×50%=25件

3. 201×年10月,海西集团下属的闽江公司生产丁产品,该产品经过三个车间连续加工制成。第一车间生产D半成品,D半成品直接转入第二车间加工制成H半成品,H半成品直接转入第三车间加工成丁产品。其中,1件丁产品耗用1件H半成品,1件H半成品耗用1件D半成品。原材料在第一车间生产开始时一次投入,第二车间和第三车间不再投入材料,各车间月末在产品加工程度均为50%,采用约当产量比例法计算各步骤应计入产品成本的份额。由于该产品在各步骤生产的半成品不对外销售,在管理上不要求提供各步骤半成品成本资料,为简化计算,该企业采用平行结转分步法计算丁产品的生产成本。

(1) 各车间月初及本月生产费用资料如表3-4-24所示。

表3-4-24 月初及本月费用资料

单位:元

	摘要	直接材料	直接人工	制造费用	合计
第一车间	月初在产品成本	1 000	60	100	1 160
	本月发生的生产费用	18 400	2 200	2 400	23 000
第二车间	月初在产品成本		200	120	320
	本月发生的生产费用		3 200	4 800	8 000
第三车间	月初在产品成本		180	160	340
	本月发生的生产费用		3 450	2 550	6 000

(2) 该月各车间产量资料如表3-4-25所示。

表3-4-25 各车间产量资料

单位:件

项目	第一车间	第二车间	第三车间
月初在产品	20	50	40
本月投产或上步骤转入	180	160	180
本月完工产品	160	180	200
月末在产品	40	30	20

要求:

(1) 计算各生产步骤约当总产量并填写计算表(见表3-4-26);
(2) 填写各车间的产品成本计算单(见表3-4-27至表3-4-29);
(3) 编制丁产品成本汇总计算表(见表3-4-30);
(4) 完工产品验收入库,编写会计分录。

表3-4-26 各生产步骤约当产量的计算表

单位:件

项目	直接材料	直接人工	制造费用
第一车间约当总产量			
第二车间约当总产量			
第三车间约当总产量			

表 3-4-27　产品成本计算单(二十六)

车间：　　　　　　　　　　　　产品名称：　　　　　　　　　　　　金额单位:元

摘要	直接材料	直接人工	制造费用	合计
月初在产品成本				
本月发生的生产费用				
生产费用合计				
第一车间约当总产量				
费用分配率				
应计入产成品成本份额				
月末在产品成本				

表 3-4-28　产品成本计算单(二十七)

车间：　　　　　　　　　　　　产品名称：　　　　　　　　　　　　金额单位:元

摘要	直接人工	制造费用	合计
月初在产品成本			
本月发生的生产费用			
生产费用合计			
第二车间约当总产量			
费用分配率			
应计入产成品成本份额			
月末在产品成本			

表 3-4-29　产品成本计算单(二十八)

车间：　　　　　　　　　　　　产品名称：　　　　　　　　　　　　金额单位:元

摘要	直接人工	制造费用	合计
月初在产品成本			
本月发生的生产费用			
生产费用合计			
第三车间约当总产量			
费用分配率			
应计入产成品成本份额			
月末在产品成本			

表 3-4-30　丁产品成本汇总计算表(一)

201×年 10 月　　　　　　　　　　　　　　　　　　　　　　　　金额单位:元

项目	完工产量/件	直接材料	直接人工	制造费用	总成本	单位成本/(元/件)
第一车间						
第二车间						
第三车间						
合计						

【解析】

计算结果如表 3-4-31 至表 3-4-35 所示。

表 3-4-31　各生产步骤约当产量的计算表

单位:件

项目	直接材料	直接人工	制造费用
第一车间约当总产量	290＝200＋(40×100％＋30＋20)	270＝200＋(40×50％＋30＋20)	270
第二车间约当总产量	—	235＝200＋(30×50％＋20)	235
第三车间约当总产量	—	210＝200＋(20×50％)	210

表 3-4-32　产品成本计算单(二十九)

车间:第一车间　　　　　　　　产品名称:D 半成品　　　　　　　　金额单位:元

摘要	直接材料	直接人工	制造费用	合计
月初在产品成本	1 000	60	100	1 160
本月发生的生产费用	18 400	2 200	2 400	23 000
生产费用合计	19 400	2 260	2 500	24 160
第一车间约当总产量	290	270	270	—
费用分配率	66.90	8.37	9.26	84.53
应计入产成品成本份额	13 380	1 674	1 852	16 906
月末在产品成本	6 020	586	648	7 254

表 3-4-33　产品成本计算单(三十)

车间:第二车间　　　　　　　　产品名称:H 半成品　　　　　　　　金额单位:元

摘要	直接人工	制造费用	合计
月初在产品成本	200	120	320
本月发生的生产费用	3 200	4 800	8 000

续表

摘要	直接人工	制造费用	合计
生产费用合计	3 400	4 920	8 320
第二车间约当总产量	235	235	—
费用分配率	14.47	20.94	35.41
应计入产成品成本份额	2 894	4 188	7 082
月末在产品成本	506	732	1 238

表3-4-34 产品成本计算单(三十一)

车间:第三车间　　　　　　　　产品名称:丁产品　　　　　　　　金额单位:元

摘要	直接人工	制造费用	合计
月初在产品成本	180	160	340
本月发生的生产费用	3 450	2 550	6 000
生产费用合计	3 630	2 710	6 340
第三车间约当总产量	210	210	—
费用分配率	17.29	12.90	30.19
应计入产成品成本份额	3 458	2 580	6 038
月末在产品成本	172	130	302

表3-4-35 丁产品成本汇总计算表(二)

201×年10月　　　　　　　　　　　　　　　　　　　　　　金额单位:元

项目	完工产量/件	直接材料	直接人工	制造费用	总成本	单位成本/(元/件)
第一车间		13 380	1 674	1 852	16 906	84.53
第二车间			2 894	4 188	7 082	35.41
第三车间			3 458	2 580	6 038	30.19
合计	200	13 380	8 026	8 620	30 026	150.13

完工产品验收入库的会计分录如下。

借:库存商品——丁产品　　　　　　　　30 026
　　贷:基本生产成本——第一车间(D半成品)　　16 906
　　　　　　　　　　——第二车间(H半成品)　　7 082
　　　　　　　　　　——第三车间(丁成品)　　　6 038

◇小贴示

　　如何确定各步骤生产费用应计入完工产品成本的份额,即如何正确地将各步骤的生产费用在完工产成品和广义在产品之间进行分配,是平行结转分步法计算产品成本的核心问题。

知识巩固

一、单项选择题

1. 按半成品成本结转下一步骤的方式不同,逐步结转分步法下可分为( )。
   A. 综合结转分步法和分项结转分步法
   B. 平行结转分步法和分项结转分步法
   C. 平行结转分步法和综合结转分步法
   D. 综合结转分步法和逐步结转分步法

2. 产品成本还原应从( )生产步骤开始。
   A. 第一个　　　B. 最后一个　　　C. 任意一个　　　D. 中间一个

3. 下列产品成本计算方法中,需要进行产品成本还原的是( )。
   A. 品种法　　　　　　　　　B. 综合结转分步法
   C. 平行结转分步法　　　　　D. 分项结转分步法

4. 分步法的适用范围是( )的企业。
   A. 大量大批单步骤生产
   B. 大量大批多步骤生产
   C. 单件小批多步骤生产
   D. 管理要求分步计算成本的大量大批多步骤生产

5. 产品成本还原前产成品成本中直接材料或自制半成品项目的金额为 9 000 元,上步骤转入的半成品成本 6 000 元,则本步骤产品成本还原率等于( )元/元。
   A. 2　　　　　B. 1.5　　　　　C. 0.5　　　　　D. 0.333 3

二、多项选择题

1. 应采用逐步结转分步法计算成本的企业主要有( )。
   A. 生产多种产品的企业　　　　　B. 有自制半成品对外销售的企业
   C. 需要考核自制半成品成本的企业　　D. 以上均可

2. 半成品成本的计算和结转,可以采用( )方式。
   A. 综合结转　　　B. 逐步结转　　　C. 分项结转　　　D. 平行结转

3. 采用平行结转分步法,本生产步骤的期末在产品包括( )。
   A. 本步骤正在加工的在制品
   B. 上步骤正在加工的在制品
   C. 转入下一步骤的自制半成品
   D. 转入下一步骤的尚未最终完工的自制半成品

4. 逐步结转分步法的特征有( )。
   A. 管理上要求计算自制半成品成本　　B. 最后生产步骤计算的是产成品成本
   C. 自制半成品实物转移,成本随之结转　　D. 期末在产品指狭义在产品

5. 逐步结转分步法半成品成本的计算和结转可采用( )方式。
   A. 综合结转　　　B. 分项结转　　　C. 平行结转　　　D. 以上任何一种方式

三、判断题

1. 采用逐步结转分步法,完工产品是指最后步骤的产成品,在产品是指广义在产

品。（　　）

2. 采用平行结转分步法，在产品上指广义在产品，自制半成品实物转移，但成本不转移。（　　）

3. 逐步结转分步法就是为了计算自制半成品的成本而采用的一种分步法。（　　）

4. 分步法是指以生产过程中各个加工步骤（分品种）为成本核算对象归集和分配生产费用、计算产品成本的一种方法。（　　）

5. 产品成本还原的对象是还原前的产成品成本。（　　）

四、业务核算

201×年3月，某企业生产甲产品，设有两个生产车间（一车间生产甲半成品，二车间生产甲产品），生产费用在完工产品和在产品之间的分配采用定额比例法，其中原材料费用按原材料定额费用比例分配，其他费用均按定额工时比例分配。

要求：采用平行结转分步法进行成本计算。

（1）有关甲产品定额资料如表3-4-36所示。

表3-4-36　甲产品定额资料

生产步骤	月初在产品		本月投入		完工产品				
	直接材料	工时	直接材料	工时	单件定额		产量	总定额	
					直接材料	工时		直接材料	工时
一车间	185 100	183 000	159 000	153 000	22.47	21.6	10 000	224 700	216 000
二车间	—	12 600	—	227 400	—	21.0	10 000	—	210 000
合计	185 100	195 600	159 000	380 400	22.47	42.6	10 000	224 700	426 000

（2）月初和本月发生的生产费用如表3-4-37、表3-4-38所示。

表3-4-37　产品成本计算单（三十二）

车间：一车间　　　　　　　　　　　产品名称：甲半成品

项目	完工产量	直接材料		定额工时	直接人工	燃料和动力	制造费用	成本合计
		定额	实际					
月初在产品成本		185 100	162 690	183 000	82 740	104 880	50 400	400 710
本月发生的生产费用		159 000	147 000	153 000	73 500	90 000	42 000	352 500
生产费用合计								
费用分配率								
完工产品成本中本步骤份额								
月末在产品成本								

表 3-4-38　产品成本计算单(三十三)

车间:二车间　　　　　　　　　　　　　　产品名称:甲产品

项目	完工产量	直接材料		定额工时	直接人工	燃料和动力	制造费用	成本合计
		定额	实际					
月初在产品成本				12 600	3 660	6 600	5 400	15 660
本月发生的生产费用				227 400	65 940	99 000	60 600	225 540
生产费用合计								
费用分配率								
完工产品成本中本步骤份额								
月末在产品成本								

(3)根据一、二车间"产品成本计算单"平行汇总完工甲产品成本,填制"甲产品成本汇总计算表"(见表3-4-39)。

表 3-4-39　甲产品成本汇总计算表
201×年3月

车间	完工产量	直接材料	直接人工	燃料和动力	制造费用	成本合计
一车间						
二车间						
合计						
单位成本						

拓展训练1

1. 训练目的

通过实训,能熟练运用综合结转分步法计算产品成本,会编制"产品成本还原计算表"进行产品成本还原。

2. 实训资料

宏远制造厂生产产品Z分三个步骤,上一步骤完工的半成品,不通过自制半成品库收发,直接转给下一步骤继续进行加工;各步骤的在产品采用约当产量比例法按实际成本计算,直接材料在第一步骤生产开始时一次性投入,各步骤在产品的加工程度均为50%。该企业201×年7月有关产量记录如表3-4-40所示,成本资料如表3-4-41所示,本月生产费用资料表如表3-4-42所示。

表 3-4-40　产量记录(三)

单位:件

项目	第一步骤	第二步骤	第三步骤
月初在产品数量	20	20	40
本月投产(或上步骤转入)数量	70	50	60
本月完工数量	50	60	60
月末在产品数量	40	10	40

表 3-4-41　月初在产品成本资料

单位:元

成本项目	第一步骤	第二步骤	第三步骤
直接材料(或自制半成品)	33 000	10 000	23 000
直接人工	10 000	6 600	17 000
制造费用	5 000	2 000	1 000
合计	48 000	18 600	41 000

表 3-4-42　本月生产费用资料

单位:元

成本项目	第一步骤	第二步骤	第三步骤
直接材料(或自制半成品)	39 000	—	—
直接人工	4 000	9 650	15 000
制造费用	9 000	4 500	3 000
合计	52 000	14 150	18 000

3. 实训程序及要求

(1) 根据上述资料采用综合结转分步法计算产品 Z 及自制半成品 Z1、Z2。

(2) 编写结转完工产品 Z 的会计分录,填制"产品成本计算单"(见表 3-4-43 至表 3-4-45)。

(3) 根据各产品的"产品成本计算单"资料,编制"产品成本还原计算表"(见表 3-4-46),进行产品成本还原(产品成本还原率保留 4 位小数,金额保留 2 位小数)。

表 3-4-43　产品成本计算单(三十四)

生产步骤:第一步骤　　　　　产品名称:自制半成品 Z1

项目	直接材料	直接人工	制造费用	合计
月初在产品成本				
本月发生的生产费用				
生产费用合计				
完工产品数量				
在产品约当产量				
约当总产量				

续表

项目	直接材料	直接人工	制造费用	合计
费用分配率				
转出自制半成品Z1成本				
月末在产品成本				

表 3-4-44　产品成本计算单(三十五)

生产步骤:第二步骤　　　　　　　　产品名称:自制半成品Z2

项目	自制半成品Z1	直接人工	制造费用	合计
月初在产品成本				
本月发生的生产费用				
生产费用合计				
完工产品数量				
在产品约当产量				
约当总产量				
费用分配率				
转出自制半成品Z2成本				
月末在产品成本				

表 3-4-45　产品成本计算单(三十六)

生产步骤:第三步骤　　　　　　　　产品名称:产品Z

项目	自制半成品Z2	直接人工	制造费用	合计
月初在产品成本				
本月发生的生产费用				
生产费用合计				
完工产品数量				
在产品约当产量				
约当总产量				
费用分配率				
转出产品Z成本				
月末在产品成本				

表 3-4-46　产品成本还原计算表(三)

201×年7月　　　　　　　　　　　　　　　　　　　　单位:元

栏目	成本项目	还原分配率	自制半成品Z2	自制半成品Z1	直接材料	直接人工	制造费用	合计
1	还原前产品Z成本							

续表

栏目	成本项目	还原分配率	自制半成品Z2	自制半成品Z1	直接材料	直接人工	制造费用	合计
2	第二步骤自制半成品Z2成本							
3	第一次产品成本还原							
4	第一步骤自制半成品Z1成本							
5	第二次产品成本还原							
6	还原后产品Z成本							

4. 实训安排

项目实训由成本核算员1人独立完成,约需2课时。

拓展训练2

1. 训练目的

通过编制"产品成本还原计算表"会进行产品成本还原。

2. 实训资料

某企业201×年8月,生产乙产品10件,依次经过三个生产步骤,第一生产步骤生产出A自制半成品,A自制半成品直接移交第二生产步骤,继续加工生产出B自制半成品,第三次生产步骤对B自制半成品继续加工,生产出乙产品。相关成本资料如表3-4-47所示。

表3-4-47 产品成本还原计算表(四)

201×年7月   金额单位:元

栏目	成本项目	产品成本还原分配率	B自制半成品	A自制半成品	直接材料	直接人工	制造费用	合计
1	还原前乙产品成本		3 240			540	360	4 140
2	第二步骤B自制半成品成本			2 400		700	500	3 600
3	第一次产品成本还原							
4	第一步骤A自制半成品成本				1 200	960	720	2 880
5	第二次产品成本还原							
6	还原后乙产品成本							

3. 实训程序及要求

编制"产品成本还原计算表"(表3-4-47),进行产品成本还原(产品成本还原率保留4位小数,金额保留2位小数)。

4. 实训安排

项目实训由成本核算员1人独立完成,约需0.2课时。

拓展训练3

前进自行车厂主要生产山地车和公主车。该企业设有三个基本生产车间和两个辅助生产车间,产品由三个基本生产车间连续生产完成。其中:第一车间负责将管材加工成架叉配件;第二车间负责将架叉配件进行烤漆;第三车间将烤漆后的架叉配件及外购的其他配件进行组装。组装成的整车对外销售,本月完工后的山地车和公主车全部验收入库。

产品成本计算方法采用综合结转分步法,各车间的半成品均通过自制半成品库收发,发出半成品的单价采用全月一次加权平均法计算,各车间月末在产品的加工程度均为50%。第一车间的原材料在生产开始时一次性投入,第二车间领用的自制半成品在该车间生产开始时一次性投入,其他原材料陆续投入(与生产进度一致);第三车间自制半成品在该车间生产开始时一次性投入,外购件陆续投入(与生产进度一致)。

(1) 201×年7月产量统计表如表3-4-48所示。

表3-4-48 201×年7月产量统计表 单位:件

	产品名称		月初在产品数量	本月投产量	本月完工产量	月末在产品数量
基本生产车间	第一车间	山地车架叉	17	933	928	22
		公主车架叉	54	1 615	1 605	64
	第二车间	山地车架叉(烤漆)	31	930	927	34
		公主车架叉(烤漆)	38	1 610	1 605	43
	第三车间	山地车	25	925	927	23
		公主车	46	1 607	1 613	40

(2) 为简化核算过程,假设三个车间的部分生产费用已经全部汇集到了各自的基本生产成本明细账上,如表3-4-49至表3-4-58所示。

要求:
① 请采用综合结转分步法计算各车间完工半成品成本和月末在产品成本;
② 编写相关入库业务的会计分录并登账(见表3-4-49至表3-4-58);
③ 编制产品成本还原计算表(见表3-4-59),进行山地车的产品成本还原。
④ 分配率保留4位小数,金额保留2位小数。

表3-4-49 基本生产成本明细账(三十一)

车间:第一车间 完工半成品数量:928件
产品名称:山地车架叉 月末在产品数量:22件

摘要	直接材料	直接人工	制造费用	合计
7月初在产品成本	431.81	35.49	58.55	525.85
7月份发生的生产费用	23 583.90	3 872.68	6 668.19	341 240.77
生产费用合计	24 015.71	3 908.17	6 726.74	34 650.62
完工产量				
约当产量				
约当总产量				
单位成本				

续表

摘要	直接材料	直接人工	制造费用	合计
转出完工半成品成本				
7月份在产品成本				

表 3-4-50　自制半成品明细账（一）

产品名称：山地车架叉

| 月份 | 月初余额 | | 本月增加 | | 合计 | | | 本月减少 | |
	数量	实际成本	数量	实际成本	数量	实际成本	单位成本	数量	实际成本
7	75	2 625							
8									

表 3-4-51　基本生产成本明细账（三十二）

车间：第二车间　　　　　　　　　　　　　　　　　　完工半成品数量：927 件

产品名称：山地车架叉（烤漆）　　　　　　　　　　　月末在产品数量：34 件

摘要	自制半成品	直接材料	直接人工	制造费用	合计
7月初在产品成本	1 257.72	139.00	48.29	161.24	1 606.25
领用自制半成品					
7月份发生的其他费用		8 077.98	2 802.20	9 356.92	20 237.10
生产费用合计					
完工产量					
约当产量					
约当总产量					
单位成本					
转出完工半成品成本					
7月份在产品成本					

表 3-4-52　自制半成品明细账（二）

产品名称：山地车架叉（烤漆）

| 月份 | 月初余额 | | 本月增加 | | 合计 | | | 本月减少 | |
	数量	实际成本	数量	实际成本	数量	实际成本	单位成本	数量	实际成本
7	60	3 360							
8									

表 3-4-53　基本生产成本明细账（三十三）

车间：第三车间　　　　　　　　　　　　　　　　　　　　　完工产成品数量：927 件
产品名称：山地车　　　　　　　　　　　　　　　　　　　　月末在产品数量：23 件

摘要	自制半成品	外购件	直接人工	制造费用	合计
7月初在产品成本	1 463.81	1 992.00	66.20	140.72	3 662.73
领用自制半成品					
7月份发生的其他费用		147 965.75	4 917.11	10 452.59	163 335.45
生产费用合计					
完工产量					
约当产量					
约当总产量					
单位成本					
转出完工产成品成本					
7月份在产品成本					

表 3-4-54　基本生产成本明细账（三十四）

车间：第一车间　　　　　　　　　　　　　　　　　　　　　完工半成品数量：1 605 件
产品名称：公主车架叉　　　　　　　　　　　　　　　　　　月末在产品数量：64 件

摘要	直接材料	直接人工	制造费用	合计
7月初在产品成本	1 224.97	105.11	174.36	1 504.44
7月份发生的生产费用	36 408.75	6 248.25	10 364.33	53 021.33
生产费用合计	37 633.72	6 353.36	10 538.69	54 525.77
完工产量				
约当产量				
约当总产量				
单位成本				
转出完工半成品成本				
7月份在产品成本				

表 3-4-55　自制半成品明细账（三）

产品名称：公主车架叉

月份	月初余额		本月增加		合计			本月减少	
	数量	实际成本	数量	实际成本	数量	实际成本	单位成本	数量	实际成本
7	120	3 600							
8									

表 3-4-56　基本生产成本明细账(三十五)

车间:第二车间　　　　　　　　　　　　　　　　　　　　　　完工半成品数量:1 605 件
产品名称:公主车架叉(烤漆)　　　　　　　　　　　　　　　　月末在产品数量:43 件

摘要	自制半成品	直接材料	直接人工	制造费用	合计
7月初在产品成本	1 238.82	243.20	51.85	173.38	1 707.25
领用自制半成品					
7月份发生的其他费用		20 544.17	4 379.80	14 646.23	39 570.20
生产费用合计					
完工产量					
约当产量					
约当总产量					
单位成本					
转出完工半成品成本					
7月份在产品成本					

表 3-4-57　自制半成品明细账(四)

产品名称:公主车架叉(烤漆)

月份	月初余额		本月增加		合计			本月减少	
	数量	实际成本	数量	实际成本	数量	实际成本	单位成本	数量	实际成本
7	138	9 975.00							
8									

表 3-4-58　基本生产成本明细账(三十六)

车间:第三车间　　　　　　　　　　　　　　　　　　　　　　完工产成品数量:1 613 件
产品名称:公主车　　　　　　　　　　　　　　　　　　　　　月末在产品数量:40 件

摘要	自制半成品	外购件	直接人工	制造费用	合计
7月初在产品成本	2 653.72	3 208.27	115.79	230.02	6 207.80
领用自制半成品					
7月份发生的其他费用		223 881.46	8 079.75	16 051.73	248 012.94
生产费用合计					
完工产量					
约当产量					
约当总产量					
单位成本					
转出完工产成品成本					
7月份在产品成本					

表 3-4-59　产品成本还原计算表(五)

产品:山地车　　　　　　　　　　　　　　　　　　　　　　　　　　　　金额单位:元

项目	还原前山地车成本	第二车间山地车架叉(烤漆)成本	第一次成本还原	第一车间山地车架叉成本	第二次成本还原	还原后山地车的成本
栏次	1	2	3	4	5	6
产品成本还原分配率						
自制半成品						
直接材料						
外购件						
直接人工						
制造费用						
合计						

模块 4 成本报表的编制与分析

项目 4.1 成本报表的编制

温馨提示

成本报表通过表格的形式对企业发生的成本费用进行归纳和总结。这些报表的编制通常是根据企业成本发生的实际资料和计划资料进行的,通过对比分析、因素分析等可以揭示成本水平和差异,找到成本升降的原因。边学边做,动起来吧!你一定可以成为成本管理的高手!

学习目标

通过对本项目的学习,你应该:

1. 知道成本报表的编制目的和成本报表的种类;
2. 会根据企业具体成本核算情况编制产品生产成本表、主要产品单位成本表和各种费用明细表。

4.1.1 成本报表的含义

成本报表是指根据成本核算及其他有关资料定期编制,用以反映和监督企业一定时期产品成本水平和构成情况,以及各项费用支出情况的报告文件。编制和分析成本报表是成本会计工作的一项重要内容。

与企业对外报送的会计报表不同,成本报表是服务于企业内部经营管理目的的报表。因此,在编报时间、格式与内容上,相对于对外报表而言,成本报表具有一定的灵活性。一般来说,各种成本报表主要由企业根据其生产类型和管理上的具体要求来确定编报时间、格式与内容。

4.1.2 成本报表的种类

企业在编制成本报表时应当做到数字准确、内容完整、编报及时。常见的成本报表主要有以下几种。

1. 产品生产成本表

产品生产成本表是指反映企业在报告期内生产的全部产品总成本和单位成本的报表。

2. 主要产品单位成本表

主要产品单位成本表是指反映企业在报告期内生产各种主要产品单位成本的构成及其变动情况的会计报表。

3. 各种费用明细表

费用明细表包括制造费用明细表、管理费用明细表、销售费用明细表等。费用明细表反映企业在报告期内发生的各种费用及其构成情况。

由于成本报表是内部报表,因此成本报表在设置上有较大的灵活性、多样性。除了上述常见的几张报表外,还可以根据本企业的生产特点和管理要求,编制其他有利于企业进行成本控制和考核的报表,如生产情况表、材料成本考核表、人工成本考核表等。

项目实施

产品生产成本表的编制

产品生产成本表一般分为两种:按产品种类反映(见表 4-1-1)和按成本项目反映(见表 4-1-2)。

1. 按产品种类反映的产品生产成本表

该表是按产品种类反映企业在报告期内生产的全部产品总成本和单位成本的报表。

表 4-1-1 产品生产成本表(按产品种类反映)(一)

编制单位: 　　　　　　　　　年　月　　　　　　　　　金额单位:元

产品名称	计量单位	实际产量		单位成本			本月总成本			本年累计总成本		
		本月实际	本年累计	上年实际平均	本年计划	本月实际	本年累计实际平均	按上年实际平均单位成本	按本年计划单位成本	本月实际	按上年实际平均单位成本	按本年计划单位成本	本年实际
		(1)	(2)	(3)	(4)	(5)	(6)	(7)=(1)×(3)	(8)=(1)×(4)	(9)=(1)×(5)	(10)=(2)×(3)	(11)=(2)×(4)	(12)=(2)×(6)
可比产品合计 其中:													

续表

产品名称	计量单位	实际产量		单位成本				本月总成本			本年累计总成本		
		本月实际	本年累计	上年实际平均	本年计划	本月实际	本年累计实际平均	按上年实际平均单位成本	按本年计划单位成本	本月实际	按上年实际平均单位成本	按本年计划单位成本	本年实际
		(1)	(2)	(3)	(4)	(5)	(6)	(7)=(1)×(3)	(8)=(1)×(4)	(9)=(1)×(5)	(10)=(2)×(3)	(11)=(2)×(4)	(12)=(2)×(6)
××产品													
××产品													
××产品													
不可比产品合计													
其中：													
××产品													
××产品													
全部产品生产成本													

补充资料：

可比产品成本降低额＝   可比产品成本降低率＝

填表说明：

表中的可比产品是指企业过去曾经正式生产过，有完整的成本资料可以进行比较的产品；不可比产品是指企业以前未正式生产过，缺乏可比成本资料的产品。

(1)"实际产量"项目。

"实际产量"项目反映本月和从年初起至本月末止各种主要产品的实际产量，应根据产品成本计算单或产品成本明细账填列。

(2)"单位成本"项目。

①"上年实际平均"：应根据上年度本表所列全年累计实际平均单位成本填列。

②"本年计划"：应根据本年度成本计划填列。

③"本月实际"和"本年累计实际平均"。

$$某产品本月实际单位成本 = \frac{某产品本月实际总成本}{某产品本月实际产量}$$

$$某产品本年累计实际平均单位成本 = \frac{某产品本年累计实际总成本}{某产品本年累计实际总产量}$$

$$累计实际总产量 = 本月实际产量 + 上月本表的本年累计实际产量$$

（3）"本月总成本"项目和"本年累计总成本"项目：分别按表中的提示计算填列。

（4）可比产品成本降低额、可比产品成本降低率计算公式如下。

$$可比产品成本降低额 = 可比产品按上年实际平均单位成本计算的本年累计总成本 - 可比产品本年累计实际总成本$$

$$可比产品成本降低率 = \frac{可比产品成本降低额}{可比产品按上年实际平均单位成本计算的本年累计总成本} \times 100\%$$

2．按成本项目反映的产品生产成本表

该表是按成本项目反映企业在报告期内发生的全部生产费用和产品成本的报表。

表 4-1-2　产品生产成本表（按成本项目反映）

编制单位：　　　　　　　　　　　年　　月　　　　　　　　　　金额单位：元

项目	上年实际	本年计划	本月实际	本年累计实际
生产费用：				
直接材料费用				
燃料和动力费用				
直接人工费用				
制造费用				
生产费用合计				
加：在产品、自制半成品期初余额				
减：在产品、自制半成品期末余额				
产品生产成本合计				

边学边做

以美味副食品厂的相关资料（见表 4-1-3）为依据，填列完成产品生产成本（按产品种类反映）"本月总成本"栏、"本年累计总成本"栏，并计算可比产品成本降低额、可比产品成本降低率。

业务指导：

填表前，请认真阅读表 4-1-3，熟悉报表结构及已知资料，然后根据表中各栏次计算提示进行填列（可比产品成本降低率保留 4 位小数）。

表 4-1-3 产品生产成本表(按产品种类反映)(二)

编制单位:美味副食品厂　　　　　　　　201×年12月　　　　　　　　金额单位:元

产品名称	计量单位	实际产量		单位成本				本月总成本			本年累计总成本		
		本月实际	本年累计	上年实际平均	本年计划	本月实际	本年累计实际平均	按上年实际平均单位成本	按本年计划单位成本	本月实际	按上年实际平均单位成本	按本年计划单位成本	本年实际
		(1)	(2)	(3)	(4)	(5)	(6)	(7)=(1)×(3)	(8)=(1)×(4)	(9)=(1)×(5)	(10)=(2)×(3)	(11)=(2)×(4)	(12)=(2)×(6)
可比产品合计	—												
其中:													
美味酱油(散)	升	6 813 400	83 789 500	2.13	2.32	2.20	2.23						
香醋(散)	升	626 093	7 369 432	0.46	0.48	0.51	0.50						
不可比产品合计													
其中:													
瓶装特级酱油	瓶	1 248	7 600		24.00	28.32	29.67						
全部产品生产成本	—	—		—									

可比产品成本降低额＝

可比产品成本降低率＝

(参考答案)

全部产品生产成本:(7)列＝14 800 544.78 元,(8)列＝16 137 564.64 元,(9)列＝15 344 130.79元,(10)列＝181 861 573.72 元,(11)列＝198 111 367.36 元,(12)列＝190 760 793 元。

可比产品成本降低额＝－8 673 727.28,可比产品成本降低率＝－4.8％。

项目实施

1. 主要产品单位成本表的编制

主要产品单位成本表(见表 4-1-4)是根据各种主要产品编制的报表,是全部产品生产成本表(按产品种类反映)中某些主要产品成本的进一步反映。

表 4-1-4 所示是以美味副食品厂的资料为依据编制而成的该企业主要产品(散装美味酱油)的单位成本表。

表 4-1-4　主要产品单位成本表

编制单位：美味副食品厂　　　　　　　　　201×年12月　　　　　　　　　金额单位：元

产品名称	美味酱油		本月实际产量		6 813 400
规格	散装		本年累计实际产量		83 789 500
计量单位	L		销售单价		
成本项目	历史先进水平××年	上年实际平均	本年计划	本月实际	本年累计实际平均
	(1)	(2)	(3)	(4)	(5)
直接材料	1.10	1.11	1.20	1.14	1.15
直接人工	0.12	0.14	0.21	0.14	0.15
燃料和动力	0.15	0.16	0.17	0.18	0.18
制造费用	0.61	0.72	0.74	0.74	0.75
单位产品成本	1.98	2.13	2.32	2.20	2.23

请思考：

表 4-1-4 中各成本项目的数字从何而来？

注意，主要产品单位成本表可以考核各种主要产品单位成本预算的执行结果，分析各成本项目和消耗定额的变化及其原因，并便于同历史先进水平对比，以利于找出差距、挖掘潜力、降低产品成本。因为主要产品单位成本表是产品生产成本表的补充，所以，该表中按成本项目反映的上年实际平均、本年计划、本月实际和本年累计实际平均的单位产品成本，应与产品生产成本表中相应的单位成本的数字一致。

2. 制造费用明细表的编制

表 4-1-5 所示是以美味副食品厂的资料为依据编制的一车间制造费用明细表。

表 4-1-5　一车间制造费用明细表

编制单位：美味副食品厂　　　　　　　　　201×年12月　　　　　　　　　金额单位：元

费用项目	行次	本月计划	上年同期实际	本月实际	本年累计实际
职工薪酬	1	11 700.00	10 700.81	13 489.61	126 521.49
折旧费	2	27 400.00	27 024.66	27 580.73	298 621.79
水电费	3	3 020.00	3 061.87	3 028.06	43 607.91
劳动保护费	4	350.00	362.69	0.00	830.56
机物料消耗	5	7 650.00	3 673.85	8 951.83	47 009.30
其他	6	1 850.00	1 178.13	1 996.33	19 234.57
合计	7	51 970.00	46 002.01	55 046.56	535 825.62

填表说明：

(1)"本月计划"应根据本月制造费用计划填列。

(2)"上年同期实际"应根据上年同期本表的本月实际数填列。

(3)"本月实际"应根据制造费用总账账户所属基本生产车间制造费用明细账的本月合计数

填列。

(4)"本年累计实际"应根据制造费用总账账户所属基本生产车间制造费用明细账的本年累计发生额填列。

通过制造费用明细表可以考察制造费用增减变化情况,从而考核制造费用计划的执行情况;可以分析各项费用的构成情况和增减变动原因,以便采取相应措施,降低制造费用。

知识巩固

一、单项选择题

1. 成本报表（　　）。

A. 是对外报表　　　　　　　　　　B. 是对内报表

C. 既是对外报表,又是对内报表　　D. 对内还是对外由企业决定

2. 下列不属于成本报表的是（　　）。

A. 产品生产成本表　　　　　　　　B. 主要产品单位成本表

C. 资产负债表　　　　　　　　　　D. 制造费用明细表

二、多项选择题

1. 制造业编制的成本报表有（　　）。

A. 产品生产成本表　　　　　　　　B. 制造费用明细表

C. 主要产品单位成本表　　　　　　D. 成本计算单

2. 产品生产成本表主要有（　　）。

A. 按产品种类反映的产品生产成本表　B. 按销售种类反映的产品生产成本表

C. 按费用项目反映的产品生产成本表　D. 按成本项目反映的产品生产成本表

3. 下列关于成本报表的描述,正确的有（　　）。

A. 成本报表是一种内部报表　　　　B. 成本报表是一种外部报表

C. 成本报表没有统一的格式　　　　D. 成本报表一般不对外报送

三、判断题

1. 成本报表指的就是产品生产成本表。（　　）

2. 产品生产成本表是反映企业在报告期内生产的全部产品总成本和单位成本的报表。（　　）

3. 可比产品成本降低额是指可比产品按上年实际平均单位成本计算的本年累计总成本与可比产品本年累计实际总成本之间的差额。（　　）

4. 为了规范企业成本信息的对外披露,国家对成本报表的种类、项目、格式和编制方法均做了统一规定。（　　）

5. 可比产品是指企业过去曾经正式生产过,有完整的成本资料可以进行比较的产品。（　　）

四、实务题

某企业生产甲、乙、丙三种产品,其中甲、乙产品为可比产品,丙产品为不可比产品。本年有关产品产量等成本资料如表 4-1-6 所示。要求:编制该企业本年按产品类别反映的产品生产成本表(见表 4-1-7,可比产品成本降低率保留 4 位小数)。

表 4-1-6 产品产量及单位成本资料

项目		甲产品	乙产品	丙产品
产品产量/件	本年计划	3 260	1 010	990
	本年实际	2 850	200	1 210
产品单位成本 /(元/件)	上年实际平均	800	550	
	本年计划	612	500	585
	本年实际平均	597	505	555

表 4-1-7 产品生产成本表(按产品种类反映)(三)

金额单位:元

产品名称	计量单位	产量		单位成本			实际产量的总成本		
		本年计划 (1)	本年实际 (2)	上年实际平均 (3)	本年计划 (4)	本年累计实际平均 (5)	按上年实际平均单位成本 (6)=(2)×(3)	按本年计划单位成本 (7)=(2)×(4)	本年实际 (8)=(2)×(5)
可比产品合计									
其中:甲产品	件								
乙产品	件								
不可比产品合计									
其中:丙产品	件								
全部产品生产成本									

可比产品成本降低额＝

可比产品成本降低率＝

项目 4.2　成本报表的分析

> 学习目标

通过对本项目的学习,你应该:

1. 知道成本报表分析的方法;

2. 会进行全部产品生产成本计划完成情况、主要产品单位成本、制造费用预算执行情况等的分析,从而为企业管理决策服务。

> **引导案例**
>
> 　　企业管理是永恒的主题,坚持经常性的企业经济运行分析,发现问题,解决问题,是全面提高企业经营管理水平的重要手段。
> 　　从201×年5月份以来,阳邑矿业有限公司(下称公司)每月初定期召开经营成本分析会,该会由财务等部门对企业的经济运行做量化、有比较、有针对性的经营成本分析,对全方位提高企业经营管理水平起到十分重要的推动作用。一年多来,公司自身进行了15次经营成本分析,共提出和解决企业经营管理中的重大问题25项,减少决策失误和堵塞管理漏洞6次,提出合理化建议86条,为企业坚持正确的经营方向,开拓销售市场,活化企业资金,压缩经营费用,避免和减少企业损失,提高企业经营效益起到了很大的作用。公司全面完成了集团公司下达的各项任务指标,压缩费用开支150万元,较上年同期降低了2.6%,为集团公司做大做强做出了重大贡献。企业基层也形成了制度,建立了规范,企业管理者和广大职工对这项制度十分满意,执行操作的效果也十分明显。
> 　　请思考:
> 　　1. 进行成本分析对企业的生产经营活动有什么帮助?
> 　　2. 你能推算出该案例中201×年费用开支的总金额是多少么?

4.2.1　成本报表分析的意义

　　成本分析是成本核算工作的继续和延伸,是成本管理的重要组成部分。它贯穿企业成本管理工作的全过程,包括事前分析、事中分析和事后分析。成本报表分析属于事后分析。

　　成本报表分析是以产品成本水平及其变动情况的资料和其他相关资料为依据,采用科学的方法,通过分析各项指标的变动及指标之间的关系,揭示企业各项成本指标计划完成的情况和成本变动原因、经营管理缺陷及业绩的一种管理活动。

　　通过成本报表分析,可以对企业成本计划的执行情况进行有效的控制,对执行结果进行评价,肯定成绩,指出存在问题,以便采取措施,为提高成本管理工作水平服务、为编制下期成本计划和做出新的经营决策提供参考依据。

4.2.2　成本报表分析的方法

　　常见的分析方法主要有三种:比较分析法、比率分析法、因素分析法。

1. 比较分析法

　　比较分析法又称对比分析法,是指将分析期的实际数同某些选定的基准数进行对比来揭示实际数与基准数之间的差异和客观上存在的问题,借以了解成本管理中的成绩及问题的一种分析方法。

　　在实际工作中,用来比较的基数由于分析目的不同而有所不同,一般有计划数、定额数、前期实际数、以往年度同期实际数以及本企业历史先进水平和国内外同行业的先进水平等。

　　成本指标的对比分析可采取以下几种形式。

　　(1) 实际指标与计划指标对比。

　　通过将实际指标与计划指标进行对比,说明计划完成的程度,为进一步分析指明方向。

(2) 本期实际指标与前期(如上年同期或历史最好水平)实际指标对比。

通过将本期实际指标与前期(如上年同期或历史最好水平)实际指标进行对比,反映企业成本动态和变化趋势,有助于吸取历史经验,改进成本工作。

(3) 本期实际指标与同行业先进水平对比。

通过将本期实际指标与同行业先进水平进行对比,可以反映本企业与国内外先进水平的差距,以便扬长避短,努力挖掘降低成本的潜力,不断提高企业的经济效益。

应指出的是,进行指标对比分析时,要注意对比指标的可比性,即对比指标采用的计量单位、计价标准、时间单位、指标内容和前后采用的计算方法等都应具有可比的基础和条件。指标的对比可以用绝对数,也可以用相对数。

2. 比率分析法

比率分析法是通过计算各项指标之间的相对数(即比率),借以考察成本活动的相对效益的一种分析方法。它主要有相关指标比率分析法和结构比率分析法两种。

1) 相关指标比率分析法

相关指标比率分析法是指通过计算两个性质不同而又相关的指标的比率进行数量分析的方法。在实际工作中,由于企业规模不同等原因,单纯对比产值、销售收入或利润等绝对数的多少,不能客观说明各个企业经济效益的好坏,但如果计算成本与产值、销售收入或利润相比数,即产值成本率、销售收入成本率或成本利润率,就可以较为准确地反映各企业经济效益的好坏。

2) 结构比率分析法

结构比率分析法又称比重分析法,或构成比率分析法。它是通过计算某项指标各个组成部分占总体的比重,即部分与总体的比,进行数量分析的方法,通常用百分数表示。通过这种分析,可以反映产品成本的构成是否合理。产品成本构成比率的计算公式如下:

直接材料成本比率＝(直接材料成本/产品生产成本)×100%

直接人工成本比率＝(直接人工成本/产品生产成本)×100%

燃料和动力成本比率＝(燃料和动力成本/产品生产成本)×100%

制造费用比率＝(制造费用/产品生产成本)×100%

3. 因素分析法

以上两种方法只能揭示实际数与基准数之间的差异,但难以揭示产生差距的原因。因为一个经济指标的完成,往往是多种因素影响的结果。只有把这种综合性的结果分解为它的构成因素,才能了解指标完成好坏的真正原因。

因素分析法是指根据分析指标与其影响因素的关系,按照一定的程序和方法,确定各因素对分析指标的影响程度的一种方法。它可分为连环替代分析法和差额计算分析法两种。

1) 连环替代分析法

连环替代分析法是用来分析引起某个经济指标变动的各个因素的影响程度的一种数量分析方法。它的一般程序如下。

(1) 确定某项指标是由哪些因素构成的。

(2) 确定各个因素与该指标的关系(是加减关系还是乘除关系)。

(3) 采用适当方法分解因素。

(4) 计算确定各个因素影响的数额。

应用连环替代分析法时,应注意这一方法是假定各个因素依照一定的顺序发生变动而进行替代计算的,因而,计算的结果具有一定程度的假定性。通常确定替换顺序的原则是:先替换数量因素,后替换质量因素;先替换实物量因素,后替换价值量因素;先替换主要因素,后替换次要因素;在有除法运算的关系式中,先替换分子因素,后替换分母因素。

2) 差额计算分析法

差额计算分析法是连环替代分析法的一种简化形式,它利用各个因素的实际数和基数之间的差额,直接计算各个因素对分析指标差异的影响数额。

1. 家乐电器有限公司201×年2月液晶彩电(×型)单位成本资料见表4-2-1,请据此填写表4-2-2,并做简要分析(差异率保留4位小数)。

表 4-2-1　液晶彩电(×型)单位成本表

编制单位:家乐电器有限公司　　　　201×年2月

成本项目	本期 计划	本期 实际	上期实际	上年同期实际
直接材料	3 900	3 850	3 945	3 922
直接人工	399	388	405	410
燃料和动力	200	200	205	198
制造费用	221	232	230	235
单位成本合计	4 720	4 670	4 785	4 765

表 4-2-2　液晶彩电(×型)单位成本比对分析表(一)

编制单位:　　　　　　　　年　　月

成本项目	比较基数					
	本期计划		上期实际		上年同期实际	
	差异额	差异率/(%)	差异额	差异率/(%)	差异额	差异率/(%)
直接材料						
直接人工						
燃料和动力						
制造费用						
单位产品成本						

【解析】

填写好的液晶彩电(×型)单位成本比对分析表如表4-2-3所示。

表 4-2-3　液晶彩电(×型)单位成本比对分析表(二)

编制单位：家乐电器有限公司　　　　　　　　　201×年2月

成本项目	比较基数					
	本期计划		上期实际		上年同期实际	
	差异额	差异率/(%)	差异额	差异率/(%)	差异额	差异率/(%)
直接材料	−50	−1.22	−95	−2.41	−72	−1.84
直接人工	−11	−2.76	−17	−4.2	−22	−5.37
燃料和动力	0	0	−5	−2.44	2	1.01
制造费用	11	4.98	2	0.87	−3	−1.28
单位产品成本	−50	−1.06	−115	−2.4	−95	−1.99

文字分析：

通过计算，可以看出家乐电器有限公司实际成本水平有所下降。具体来看，单位成本实际比计划降低了50元，比上期实际降低了115元，比上年同期实际降低了95元。实际单位成本降低的原因有待于做进一步的分析。

2. 光明公司用甲材料生产A产品，单位产品材料计划消耗量为10千克，实际消耗量为9.5千克；甲材料计划单价为20元/千克，实际单价为23元/千克。请运用因素分析法分析单位产品材料消耗量和材料单价两个因素对材料成本的影响。

【解析】

(1) 计算单位产品材料成本差异额。

　　差异额＝(9.5×23)元−(10×20)元＝218.5元−200元＝18.5元

(2) 因素分析。

由于单位产品材料消耗量的变动对单位产品材料成本的影响：

　　(9.5−10)×20元＝−10元

由于材料单价的变动对单位产品材料成本的影响：

　　(23−20)×9.5元＝28.5元

两因素共同影响的结果：

　　−10元+28.5元＝18.5元

(3) 计算结果分析。

计算结果表明：由于单位产品材料消耗量减少0.5千克，材料成本降低了10元；由于甲材料单价超支3元/千克，材料成本超支了28.5元；两个因素共同影响，使得单位产品实际材料成本比计划超支了18.5元，具体原因有待做进一步的分析。

3. 以案例1家乐电器有限公司的资料为依据，计算各成本项目所占的比重及降低额，填写表4-2-4，并做简要分析（构成比率保留4位小数）。

表 4-2-4　液晶彩电(×型)单位成本分析表

编制单位:家乐电器有限公司　　　　　　　201×年2月

成本项目	上期实际/(%)	本期计划/(%)	本期实际/(%)	本期实际比上期降低/(%)	本期实际比计划降低/(%)
	(1)	(2)	(3)	(4)=(1)−(3)	(5)=(2)−(3)
直接材料					
直接人工					
燃料和动力					
制造费用					
单位成本合计					

【解析】

填写好的液晶彩电(×型)单位成本分析表(构成比率分析)如表 4-2-5 所示。

表 4-2-5　液晶彩电(×型)单位成本分析表(构成比率分析)

编制单位:家乐电器有限公司　　　　　　　201×年2月

成本项目	上期实际/(%)	本期计划/(%)	本期实际/(%)	本期实际比上期降低/(%)	本期实际比计划降低/(%)
	(1)	(2)	(3)	(4)=(1)−(3)	(5)=(2)−(3)
直接材料	82.45	82.63	82.44	0.01	0.19
直接人工	8.46	8.45	8.31	0.15	0.14
燃料和动力	4.28	4.24	4.28	0.00	−0.04
制造费用	4.81	4.68	4.97	−0.16	−0.29
单位成本合计	100.00	100.00	100.00	—	—

文字分析:

通过计算,可以看出,本期实际构成与上期实际构成相比,直接材料成本的比重有所降低,直接人工成本比重有较大幅度降低,燃料和动力成本的比重保持不变,制造费用的比重上升幅度较大;本期实际构成与本期计划构成相比,直接材料成本的比重降低很多,直接人工成本比重也有不小幅度的降低,燃料和动力成本的比重有所提高,制造费用的比重提高较多。企业应当进一步查明这些变动的原因。

> 边学边做

全部产品生产成本计划完成情况的分析

全部产品生产成本计划完成情况的分析是一种总括性的分析,为进一步进行成本分析指明方向。在实际开展成本分析时,可从产品类别和按成本项目两个方面来进行。

1. 按产品种类进行分析

这种分析主要是根据企业产品生产成本表的资料,分别确定全部产品、可比产品和不可比产品成本的降低额、降低率。

下面列举一个实例。

宏发有限公司201×年12月全部产品生产成本表如表4-2-6所示,请根据该表进行宏发有限公司全部产品成本计划完成情况的分析。

表4-2-6　全部产品生产成本表

编制单位:宏发有限公司　　　　　　　　　201×年12月　　　　　　　　　　　　　单位:元

产品名称	计量单位	实际产量		单位成本			本月总成本			本年累计总成本		
		本月实际	本年累计	上年实际平均	本年计划	本月实际	本年累计实际平均	按上年实际平均单位成本	按本年计划单位成本	本月实际	按上年实际平均单位成本	按本年计划单位成本	本年实际
		(1)	(2)	(3)	(4)	(5)	(6)	(7)=(1)×(3)	(8)=(1)×(4)	(9)=(1)×(5)	(10)=(2)×(3)	(11)=(2)×(4)	(12)=(2)×(6)
可比产品合计								10 000	8 700	8 670	100 000	87 000	86 000
A产品	件	5	50	800	720	750	760	4 000	3 600	3 750	40 000	36 000	38 000
B产品	件	6	60	1 000	850	820	800	6 000	5 100	4 920	60 000	51 000	48 000
不可比产品合计									500	510		5 000	5 080
C产品	件	1	10		500	510	508		500	510		5 000	5 080
全部产品生产成本								10 000	9 200	9 180	100 000	92 000	91 080

【解析】

先根据表4-2-6的资料计算下列两个指标并做出基本分析,进而编制表4-2-7,做出更进一步的分析。

全部产品成本实际降低额=92 000元-91 080元=920元

全部产品成本实际降低率=(920/92 000)×100%=1%

基本分析:

从上述资料可以看出,宏发有限公司全部产品总成本实际比计划降低了920元,降低率为1%,但这不能说明该公司已全面完成了全部产品成本计划,还需进一步对可比产品、不可比产品及其各种产品成本计划完成情况进行分析,编制全部产品成本计划分析表,如表4-2-7所示。

表 4-2-7 全部产品生产成本计划分析表

编制单位：宏发有限公司　　　　　　　201×年12月　　　　　　　　　　　金额单位：元

产品名称	实际产量计划总成本	实际总成本	降低额	降低率/(%)
可比产品：	87 000	86 000	1 000	1.15
A产品	36 000	38 000	−2 000	−5.56
B产品	51 000	48 000	3 000	5.88
不可比产品：	5 000	5 080	−80	−1.60
C产品	5 000	5 080	−80	−1.60
全部产品生产成本	92 000	91 080	920	1.00

进一步分析：

从表4-2-7可以看出，宏发有限公司产品完成了成本降低计划，降低了920元，降低率为1%。具体来看，可比产品成本降低额为1 000元，降低率1.15%，从总体上完成了可比产品成本计划。但其中A产品实际成本比计划超支2 000元；B产品完成了计划，降低了3 000元。不可比产品C产品也没能完成计划，超支了80元，超支率为1.6%，从而拖累了全部产品的计划完成情况，应深入分析A产品和C产品超支的原因。

2. 按成本项目进行分析

按成本项目进行分析就是将全部产品的总成本按成本项目分别汇总，将实际总成本与计划总成本进行比较，确定每个成本项目的降低额和降低率。

下面列举一个实例。

仍以宏发有限公司201×年12月全部产品生产成本资料（见表4-2-6）为例，按成本项目进行分析，如表4-2-8所示。

表 4-2-8 全部产品生产成本计划分析表

编制单位：宏发有限公司　　　　　　　201×年12月　　　　　　　　　　　金额单位：元

成本项目	全部产品成本		降低指标	
	计划	实际	降低额	降低率/(%)
直接材料	52 750	50 610	2 140	4.06
直接人工	12 390	12 850	−460	−3.71
制造费用	26 860	27 620	−760	−2.83
产品成本	92 000	91 080	920	1.00

【解析】

基本分析：

从表4-2-8中可以看出，宏发有限公司总成本虽然降低了920元，降低率为1%，但从构成总成本的三个项目来看，直接人工和制造费用是超支的，全部产品成本的降低主要是靠直接材料的降低，因此，还需要进一步对各项目进行对比分析，才能找出超支和节约的具体原因。

可比产品成本计划完成情况的分析

在全部产品成本中，可比产品一般都占有较大的比重，因此，在分析产品总成本之后，还必须对可比产品成本进行分析。

> **知识链接**

可比产品成本降低计划是以上年实际平均单位成本为依据确定的,具体包括降低额和降低率两个指标。可比产品成本降低计划完成情况分析,就是将可比产品的实际成本降低额(按实际产量计算)、降低率与产品计划成本降低额(按计划产量计算)、降低率进行比较,来检查是否完成了成本降低任务。

计划成本和实际成本降低指标可按下列公式计算。

$$计划成本降低额 = \sum[计划产量 \times (按上年实际单位成本 - 本年计划单位成本)]$$

$$计划成本降低率 = \frac{计划成本降低额}{\sum(计划产量 \times 上年实际单位成本)} \times 100\%$$

$$实际成本降低额 = \sum[实际产量 \times (上年实际单位成本 - 本年实际单位成本)]$$

$$实际成本降低率 = \frac{实际成本降低额}{\sum(实际产量 \times 按上年实际单位成本)} \times 100\%$$

$$超计划成本降低额 = 实际成本降低额 - 计划成本降低额$$

$$超计划降低率 = 实际成本降低率 - 计划成本降低率$$

> **案例**

太行轮胎有限公司 201×年度,可比产品成本降低任务和实际降低指标的资料如表 4-2-9、表 4-2-10 所示,请对可比产品成本降低任务完成情况进行分析。

表 4-2-9 可比产品成本计划降低分析表

编制单位:太行轮胎有限公司　　　　　　201×年度

可比产品名称	计划产量/条	单位成本/元		总成本/元		成本降低指标	
		上年实际	本年计划	按上年实际单位成本	按本年计划单位成本	降低额/元	降低率/(%)
农用车内胎	2 300	50	48	115 000	110 400	4 600	4.00
农用车外胎	2 800	40	39	112 000	109 200	2 800	2.50
合计	—	—	—	227 000	219 600	7 400	3.26

表 4-2-10 可比产品成本实际降低分析表

编制单位:太行轮胎有限公司　　　　　　201×年度

可比产品名称	实际产量/条	单位成本/元		总成本/元		成本降低指标	
		上年实际	本年实际	按上年实际单位成本	按本年实际单位成本	降低额/元	降低率/(%)
农用车内胎	2 500	50	50.625	125 000	126 562.50	−1 562.50	−1.25
农用车外胎	3 000	40	36.500	120 000	109 500.00	10 500.00	8.75
合计	—	—	—	245 000	236 062.50	8 937.50	3.65

【解析】

基本分析：

从上述资料可以看出，太行轮胎有限公司全部可比产品的生产成本计划降低额为7 400元，实际降低额为8 937.5元，计划降低率为3.26%，实际成本降低率为3.65%，两项指标都超额完成了任务，但各产品情况不平衡。成本降低额指标超额完成1 537.5元(8 937.5元－7 400元)，成本降低率指标超额完成0.39%(3.65%－3.26%)，其中农用车内胎产品实际单位成本超过了上年实际单位成本，没有完成降低成本要求，其原因需做进一步分析。

拓展训练

张力是凯隆集团的成本会计，为了解集团全部产品生产成本计划的完成情况，需编制产品生产成本。该集团201×年12月生产甲、乙两种可比产品和丙、丁两种不可比产品，相关资料如表4-2-11所示。

表4-2-11 产品与成本资料

编制单位：凯隆集团　　　　　　　　　　　　201×年12月

产品名称	实际产量/台		单位成本/元		实际总成本/元	
	12月份	本年累计	上年实际平均	本年计划	本月实际	1—11月份累计
甲	200	3 000	90	85	19 200	234 600
乙	160	2 000	100	96	15 200	174 800
丙	200	2 000	—	40	7 600	70 200
丁	100	1 200	—	50	4 900	52 800
可比产品成本计划降低率为3%						

要求：根据已知资料，编制产品生产成本表(见表4-2-12)，并计算可比产品成本实际降低额和降低率。

表4-2-12 产品生产成本表

编制单位：凯隆集团　　　　　　　　　　　201×年12月　　　　　　　　　　　　单位：元

产品名称	计量单位	实际产量		单位成本			本月总成本			本年累计总成本		
		本月实际	本年累计	上年实际平均	本年计划	本月累计实际平均	按上年实际平均单位成本	按本年计划单位成本	本月实际	按上年实际平均单位成本	按本年计划单位成本	本年实际
		(1)	(2)	(3)	(4)	(5)	(6)	(7)=(1)×(3)	(8)=(1)×(4)	(9)=(1)×(5)	(10)=(2)×(3)	(11)=(2)×(4)	(12)=(2)×(6)
可比产品合计												

续表

产品名称	计量单位	实际产量		单位成本			本月总成本			本年累计总成本		
		本月实际	本年累计	上年实际平均	本年计划	本月实际	本年累计实际平均	按上年实际平均单位成本	按本年计划单位成本	本月实际	按上年实际平均单位成本	按本年计划单位成本	本年实际
		(1)	(2)	(3)	(4)	(5)	(6)	(7)=(1)×(3)	(8)=(1)×(4)	(9)=(1)×(5)	(10)=(2)×(3)	(11)=(2)×(4)	(12)=(2)×(6)
甲产品 乙产品 不可比产品合计 丙产品 丁产品													
全部商品产品成本													

可比产品成本实际降低额＝

可比产品成本实际降低率＝

> **知识链接**

主要产品单位成本表的分析

分析主要产品单位成本表有利于揭示企业主要产品单位成本计划的完成情况及其节约或超支的具体原因,从而便于企业采取措施,挖掘潜力,降低产品的单位成本。

分析主要产品单位成本表的程序一般是先检查各种产品实际单位成本与比较基数相比的升降情况,然后按成本项目分析,查明造成单位成本升降的具体原因。

1. 主要产品单位成本计划完成情况分析

进行此分析应采用比较分析法,计算单位成本相对于计划及上期的升降情况,然后对某些产品进一步按成本项目对比研究其成本变动情况,查明影响单位成本升降的原因。

2. 主要产品单位成本项目分析

为了查明产品单位成本升降的具体原因,还必须结合单位成本各个成本项目做进一步分析。

(1) 直接材料项目分析。

材料费用变动主要受单位产品材料耗用量和材料价格两个变动因素影响,可用因素分析法分析以上两个因素变动对直接材料费用的影响。计算公式如下。

单位产品材料费用＝单位产品材料耗用量×材料单价

材料耗用量变动的影响＝(实际单位耗用量－计划单位耗用量)×材料计划单价

材料价格变动的影响＝(材料实际单价－材料计划单价)×单位产品材料实际耗用量

(2) 直接人工项目分析。

直接人工项目分析应结合工资制度和工资费用计入成本的方法来进行。在大多数企业里，各产品的工资费用一般是按生产工时比例分配计入各产品的成本的。因此，单位产品成本中工资费用的多少，取决于生产单位产品的生产工时(简称效率)和小时工资率两个因素。可用因素分析法分析以上两个因素变动对直接人工费用的影响。计算公式如下。

单位产品的直接人工＝单位产品生产工时×小时工资率

单位产品生产工时变动的影响＝(单位产品实际生产工时－单位产品计划生产工时)×计划小时工资率

小时工资率变动的影响＝(实际小时工资率－计划小时工资率)×单位产品实际生产工时

(3) 制造费用项目分析。

制造费用项目分析类似于直接人工项目分析，也可用比较分析法，将实际与计划进行对比，分析各种费用计划的执行情况。

【案例】

1. 以表 4-2-13 为依据，进行主要产品单位成本分析。

表 4-2-13　主要产品单位成本表

编制单位：美味副食品厂　　　　　　201×年 12 月　　　　　　金额单位：元

产品名称	美味酱油	本月实际产量	681.34 kL
规格	散装	本年累计实际产量	8 378.95 kL
计量单位	kL		
成本项目	上年实际平均	本年计划	本月实际	本年累计实际平均
直接材料	1 266.50	1 372.01	1 318.40	1 329.50
直接人工	137.80	212.70	144.10	145.80
制造费用	723.1	742.27	741.40	746.50
单位产品成本	2 127.4	2 326.98	2 203.90	2 221.80

【解析】

根据表 4-2-13 的资料先编制表 4-2-14，以了解成本升降情况和一般原因。

表 4-2-14　美味酱油单位成本分析表

成本项目	计划成本/元	实际成本/元	降低指标	
			降低额/元	降低率/(%)
直接材料	1 372.01	1 318.40	53.61	3.91
直接人工	212.70	144.10	68.60	32.25
制造费用	742.27	741.40	0.87	0.12

续表

成本项目	计划成本/元	实际成本/元	降低指标	
			降低额/元	降低率/(%)
合计	2 326.98	2 203.90	123.08	5.29

基本分析：

从表4-2-14中可见，美味酱油的实际单位成本比计划单位成本降低123.08元，降低率为5.29%。成本降低主要是"直接材料""直接人工"费用减少，特别是"直接人工"费用降低幅度较大，降低率为32.25%，具体原因有待进一步分析。

2. 某企业甲产品单位成本资料如表4-2-15所示，请据此进行直接材料项目的分析。

表4-2-15　甲产品单位成本资料

材料名称	计划			实际		
	单耗/千克	材料单价/(元/千克)	材料成本/元	单耗/千克	材料单价/(元/千克)	材料成本/元
A材料	38	2.50	95.00	40.00	3.00	120.00
B材料	35	3.49	122.15	30.80	2.50	77.00
合计			217.15			197.00

【解析】

根据表4-2-15的资料，编制表4-2-16。

表4-2-16　甲产品直接材料成本分析

金额单位：元

材料名称	计量单位	耗用量/千克		材料单价/(元/千克)		材料成本/(元/千克)		差异额（实际—计划）降低（—）、增加（+）		
		计划	实际	计划	实际	计划	实际	材料成本/元	数量/千克	价格/(元/千克)
A材料	千克	38.00	40.00	2.50	3.00	95.00	120.00	25	2.00	0.50
B材料	千克	35.00	30.80	3.49	2.50	122.15	77.00	−45.15	−4.20	−0.99
合计	—	—	—	—	—	217.15	197.00	−20.15		

基本分析：

从表4-2-16中得知，单位甲产品直接材料成本比计划降低了20.15元。

(1) A材料实际比计划增加25元，用因素分析法分析如下。

  单位产品材料耗用量变动对单位材料成本的影响＝2.00×2.5元＝5.00元
    材料单价变动对单位材料成本的影响＝0.5×40元＝20.00元

(2) B材料实际比计划降低45.15元，用因素分析法分析如下。

  单位产品材料耗用量变动对单位材料成本的影响＝(−4.20)×3.49元≈−14.66元
    材料单价变动对单位材料成本的影响＝(−0.99)×30.8元≈−30.49元

综上所述，单位甲产品直接材料成本实际比计划降低20.15元是由单位产品A材料耗用量和材料单价的增加及单位 B 产品材料耗用量和材料单价的降低共同作用的结果。单位产品材料耗用量变动使成本降低了 9.66 元(即 5 元－14.66 元);材料单价变动使成本降低 10.49 元(即 20 元－30.49 元),具体影响因素可做更深入的分析。

可见,单位产品材料耗用量的变动主要受产品工艺的改变和新技术的应用、材料质量的变化、加工操作技术的变化、代用材料的变化等因素的影响;材料单价的变动主要受材料采购价格的变动、采购费用的变动等因素的影响。因此,分析上述两者的变动应结合其具体影响因素进行。

3. 假定上述甲产品单位人工成本的有关资料如表 4-2-17 所示,请据此进行直接人工项目的分析。

表 4-2-17　单位甲产品直接人工成本资料

项目	计划	实际	差异额(实际－计划) 降低(－)、增加(＋)
单位产品工时/时	33	35	2.0
小时工资率/(元/时)	10.5	12	1.5
单位产品工资成本/元	346.5	420	73.5

【解析】

直接人工成本分析应结合工资制度和工资费用计入成本的方法来进行,一般采用因素分析法从单位产品生产工时变动和小时工资率变动对单位产品工资成本的影响两个方面进行分析。

基本分析:

从表 4-2-17 中得知,单位甲产品直接人工成本实际比计划增加 73.5 元。

单位产品生产工时差异的影响:

$$2 \times 10.5 \text{ 元} = 21 \text{ 元}$$

小时工资率差异的影响:

$$1.5 \times 35 \text{ 元} = 52.5 \text{ 元}$$

两因素变动共同影响的结果:

$$21 \text{ 元} + 52.5 \text{ 元} = 73.5 \text{ 元}$$

综上所述,单位甲产品直接人工成本实际比计划增加 73.5 元是由单位产品工时和小时工资率增加造成的,其中小时工资率增加是主要原因,对导致以上两个因素增加的具体原因可做更深入的分析。

注意:影响单位产品工时变动的因素主要有机器设备性能、材料质量、工人的技术熟练程度、生产组织等;影响单位产品小时工资率变动的因素主要有单位产品工时变动、企业的工资制度、生产工人岗位调整等。

4. 假定前述与甲产品有关的工时、费用资料如表 4-2-18 所示,请据此进行单位产品制造费用项目的分析。

表 4-2-18　单位甲产品制造费用资料

项目	计划	实际	差异额(实际－计划) 降低(－)、增加(＋)
单位产品工时/时	33.00	35.00	2.00

续表

项目	计划	实际	差异额(实际－计划) 降低(－)、增加(＋)
小时费用率/(元/时)	2.06	2.03	－0.03
单位制造费用成本	67.98	71.05	3.07

【解析】

当企业生产多种产品时,一般采用因素分析法从单位产品生产工时变动和小时费用率变动这两个方面对单位产品制造费用成本的影响进行分析。

基本分析：

从表4-2-18得知：单位甲产品"制造费用"成本实际比计划增加了3.07元。

单位产品生产工时差异的影响：
$$2 \times 2.06 \text{元} = 4.12 \text{元}$$

小时工资率差异的影响：
$$-0.03 \times 35 \text{元} = -1.05 \text{元}$$

两因素变动共同影响的结果：
$$4.12 \text{元} + (-1.05 \text{元}) = 3.07 \text{元}$$

综上所述,由于单位产品生产工时的增加,单位制造费用成本上升了4.12元,由于小时工费用率的降低,单位产品制造费用节约了0.03元；在两因素的共同作用下,单位产品制造费用上升了3.07元。

边学边做

制造费用明细表的分析

制造费用明细表的分析主要是通过将实际与计划进行对比,来分析各种费用计划的执行情况。制造费用的分析主要应在整个车间范围,按制造费用包括的各个费用项目进行。

下面列举一个实例。

以美味副食品厂一车间201×年12月的制造费用明细表(见表4-2-19)为依据,编制"一车间制造费用明细分析表"(见表4-2-20),并进行相关分析。

表4-2-19　一车间制造费用明细表

编制单位：美味副食品厂　　　　　　　　　　　201×年12月　　　　　　　　　　　　单位：元

费用项目	行次	本月计划	上年同期实际	本月实际	本年累计实际
职工薪酬	1	11 700.00	10 700.81	13 489.61	126 521.49
折旧费	2	27 400.00	27 024.66	27 580.73	298 621.79
水电费	3	3 020.00	3 061.87	3 028.06	43 607.91
劳动保护费	4	350.00	362.69	0.00	830.56
机物料消耗	5	7 650.00	3 673.85	8 951.83	47 009.30
其他	6	1 850.00	1 178.13	1 996.33	19 234.57
合计	7	51 970.00	46 002.01	55 046.56	535 825.62

【解析】

由于制造费用所包括的费用项目具有不同的经济性质和经济用途,各费用项目的变动又分别受不同因素变动的影响,因此在对制造费用进行分析时,应该按各费用项目分别进行分析。

表 4-2-20　一车间制造费用明细分析表

编制单位:美味副食品厂　　　　　　　　201×年12月　　　　　　　　　　　单位:元

费用项目	本月计划	上年同期实际	本月实际	本月实际与计划对比		本月实际与上年同期实际对比	
				差异额	差异率/(%)	差异额	差异率/(%)
	(1)	(2)	(3)	(4)=(3)-(1)	(5)=(4)/(1)	(6)=(3)-(2)	(7)=(6)/(2)
职工薪酬	11 700.00	10 700.81	13 489.61	1 789.61	15.30	2 788.80	26.06
折旧费	27 400.00	27 024.66	27 580.73	180.73	0.66	556.07	2.06
水电费	3 020.00	3 061.87	3 028.06	8.06	0.27	−33.81	−1.10
劳动保护费	350.00	362.69	0.00	−350.00	−100.00	−362.69	−100.00
机物料消耗	7 650.00	3 673.85	8 951.83	1 301.83	17.02	5 277.98	143.66
其他	1 850.00	1 178.13	1 996.33	146.33	7.91	818.20	69.45
合计	51 970.00	46 002.01	55 046.56	3 076.56	5.92	9 044.55	19.66

基本分析:

从表 4-2-20 中可以看出,制造费用总额实际比计划上升了 5.92%,实际比上年同期上升了 19.66%,具体原因可按制造费用的各费用项目分别进行分析。

请思考:

该例中,造成制造费用实际比计划、实际比上年同期增加的主要原因是什么?

◇小贴示

> 进行制造费用分析时应注意以下问题。
> (1)注意重点费用项目的分析,如实际脱离计划较大的费用项目和在制造费用中所占比重较大的费用项目。
> (2)应分析费用项目的构成比例,检查费用构成变化的合理性。

知识巩固

一、单项选择题

1. 某企业 201×年可比产品按上年实际平均单位成本计算的本年累计总成本为 3 200 万元,按本年计划单位成本计算的本年累计总成本为 3 100 万元,本年累计实际总成本为 3 050 万元,则可比产品成本的实际降低额为(　　)万元。

A. 200 B. 150 C. 100 D. 50

2. 某企业 A 产品的单位成本为 100 元,其中,直接材料 60 元,直接人工 25 元,制造费用 15 元,则 A 产品中直接材料的构成比率为( )。

A. 25% B. 60% C. 15% D. 40%

二、多项选择题

常见的产品成本分析方法有( )。

A. 比较分析法 B. 构成比率分析法
C. 因素分析法 D. 回归分析法

拓展训练 1

注:降低额=计划数−实际数,差异额=实际数−计划数。

1. 实训目的

通过实训,会编制产品生产成本表、主要产品单位成本表,能进行全部产品生产成本计划完成情况、主要产品单位成本等的分析。

2. 实训资料

A 公司 201×年 8 月份产量、单位成本资料分别如表 4-2-21、表 4-2-22 所示。

表 4-2-21 A 公司产量及单位成本

201×年 8 月

项目	甲产品/台	乙产品/件	丙产品/件
计划产量	30	52	30
实际产量	35	50	30
计划单位成本	4 720	1 900	770
实际单位成本	4 670	1 870	780

表 4-2-22 主要产品单位成本表

编制单位:A 公司   产品名称:甲产品   201×年 8 月   单位:元

成本项目	本月计划	本月实际	上年同期实际	历史最好水平
直接材料	4 100	4 050		
直接人工	399	388	略	略
制造费用	221	232		
合计(单位成本)	4 720	4 670		

3. 实训程序及要求

(1) 根据上述资料编制 A 公司 201×年 8 月的"产品生产成本表"(见表 4-2-23)。

(2) 进行成本报表分析。

① 编制"全部产品成本计划分析表"(见表 4-2-24)。

② 编制"主要产品各成本项目总成本变动分析表"(见表 4-2-25 至表 4-2-27)。

③ 编制"主要产品单位成本分析表"(见表 4-2-28)。

④对"主要产品单位成本分析表"中各成本项目进行分析,编制表 4-2-29 至表 4-2-31。

4. 实训安排

此项目实训由成本核算员 1 人独立完成,约需 2 课时。

表 4-2-23 产品生产成本表(按产品种类反映)(四)

编制单位:A 公司　　　　　　　　　　201×年 8 月　　　　　　　　　　单位:元

产品名称	计量单位	实际产量	单位成本			本月总成本			本年累计总成本		
			上年实际平均	本年计划	本月实际	本年累计实际平均	按上年实际平均单位成本	按本年计划单位成本	本月实际	按上年实际平均单位成本	按本年计划单位成本	本年实际
		(1)	(2)	(3)	(4)	(5)	(6)	(7)=(1)×(3)	(8)=(1)×(4)	(9)=(1)×(5)	(10)=(2)×(3)	(11)=(2)×(4)	(12)=(2)×(6)
可比产品合计 其中: 甲产品 乙产品		略	略		略	略				略	略	略
不可比产品合计 其中: 丙产品												
全部产品生产成本合计		—			—							

表 4-2-24 全部产品成本计划分析表(按产品种类反映)

编制单位:　　　　　　　　　　　年　月　　　　　　　　　　金额单位:元

产品名称	实际产量计划总成本	实际总成本	降低额	降低率/(%)
可比产品				
其中:甲产品				
乙产品				
不可比产品				
其中:丙产品				
合计				

产品成本降低额＝实际产量计划总成本－实际总成本

产品成本降低率＝（产品成本降低额/实际产量计划总成本）×100％

表 4-2-25　甲产品直接材料总成本变动分析表

编制单位：　　　　　　　　　　　　　　　　年　　月

项目	计划	实际	差异额	对总成本影响
产品产量/台				
单位产品直接材料成本/(元/台)				
直接材料总成本/元				

表 4-2-26　甲产品直接人工总成本变动分析表

编制单位：　　　　　　　　　　　　　　　　年　　月

项目	计划	实际	差异额	对总成本影响
产品产量/台				
单位产品直接人工成本/(元/台)				
直接人工总成本/元				

表 4-2-27　甲产品制造费用总成本变动分析表

编制单位：　　　　　　　　　　　　　　　　年　　月

项目	计划	实际	差异额	对总成本影响
产品产量/台				
单位产品制造费用成本/(元/台)				
制造费用总成本/元				

表 4-2-28　主要产品单位成本分析表

编制单位：　　　　产品名称：　　　　　年　　月　　　　　金额单位：元

成本项目	计划成本	实际成本	降低指标	
			降低额	降低率/(％)
直接材料				
直接人工				
制造费用				
单位产品成本				

表 4-2-29　单位甲产品直接材料成本分析

编制单位：　　　　　　　　　　　　　　　　年　　月

项目	计划数	实际数	差异额	对单位成本影响
单位产品材料消耗量/(千克/台)	100	90		
材料单价/(元/千克)	41	45		
单位产品直接材料成本/(元/台)				

表 4-2-30　单位甲产品直接人工成本分析

编制单位：　　　　　　　　　　　　年　　月

项目	计划	实际	差异额	对单位成本影响
单位产品工时/(时/台)	30	32		
小时人工费用率/(元/时)	13.3	12.125		
单位产品直接人工成本/(元/台)				

表 4-2-31　单位甲产品制造费用分析

编制单位：　　　　　　　　　　　　年　　月

项目	计划	实际	差异额	对单位成本影响
单位产品工时/(时/台)	30	32		
小时制造费用率/(元/时)	7.366 7	7.25		
单位产品制造费用成本/(元/台)				

拓展训练 2

注：降低额＝计划数－实际数，差异额＝实际数－计划数。

1. 实训目的

通过实训，能利用因素分析法进行主要产品单位成本的分析。

2. 实训资料

B 公司 201×年 8 月份主要产品乙的成本资料如表 4-2-32、表 4-2-33 所示。

表 4-2-32　主要产品单位成本表(一)

编制单位：B 公司　　　　　产品名称：乙产品　　　　　201×年 8 月　　　　　单位：元

成本项目	本月计划	本月实际
直接材料	1 890	2 047
直接人工	168	164
制造费用	212	209
单位产品成本	2 270	2 420

表 4-2-33　单位乙产品耗用直接材料的资料

项目	本月计划	本月实际
单位产品材料消耗量/(千克/件)	900	890
材料单价/(元/千克)	2.1	2.3

3. 实训程序及要求

根据上述资料，分析影响直接材料成本变动的因素和各因素变动对其的影响程度。

4. 实训安排

此项目实训由成本核算员 1 人独立完成，约需 0.2 课时。

拓展训练 3

注:降低额=计划数-实际数,差异额=实际数-计划数。

1. 实训目的

通过实训,能利用因素分析法进行主要产品单位成本的分析。

2. 实训资料

C公司201×年8月份主要产品丙的成本资料如表4-2-34、表4-2-35所示。

表 4-2-34　主要产品单位成本表(二)

编制单位:C公司　　　　　　　产品名称:丙产品　　　　　201×年8月　　　　　　单位:元

成本项目	本月计划	本月实际
直接材料	2 090	2 090
直接人工	198	192
制造费用	99	96
产品单位成本	2 387	2 378

表 4-2-35　单位丙产品耗用直接材料、直接人工、制造费用的资料

项目	本月计划	本月实际
单位产品材料消耗量/(千克/件)	950	950
材料单价/(元/千克)	2.2	2.2
单位产品工时/(时/件)	9	8
小时工资率/(元/时)	22	24
小时制造费用率/(%)	11	12

3. 实训程序及要求

(1) 根据上述资料,分析影响直接人工成本变动的因素和各因素变动对其的影响程度。

(2) 根据上述资料,分析影响制造费用变动的因素和各因素变动对其的影响程度。

4. 实训安排

此项目实训由成本核算员1人独立完成,约需0.4课时。

参 考 文 献

[1] 陈向红,张三月.成本会计实务[M].北京:经济管理出版社,2010.
[2] 李素其,姜明霞.成本会计理论与实训[M].北京:中国人民大学出版社,2010.
[3] 胡中艾,蒋小芸.成本核算[M].北京:高等教育出版社,2011.
[4] 李素其,陈向红.成本核算与分析[M].北京:国家行政学院出版社,2017.
[5] 财政部会计资格评价中心.初级会计实务[M].北京:经济科学出版社,2018.

读者意见反馈表

书名：成本核算与分析　　　　主编：陈向红　李素其

> 谢谢您关注本书！为了更好地服务广大读者，我们真诚地希望得到您的建议或意见。如果您认为本书有助于您的教学工作，请您认真地填写表格并寄回，我们将定期给您发送我社相关资料的出版目录，或者寄送样书。

1. 个人资料：
   姓名＿＿＿＿＿＿＿＿＿＿＿＿＿＿　　联系电话＿＿＿＿＿＿＿＿＿＿＿＿＿
   通信地址＿＿＿＿＿＿＿＿＿＿＿＿　　E-mail＿＿＿＿＿＿＿＿＿＿＿＿＿＿
   学校＿＿＿＿＿＿＿＿＿＿＿＿＿＿　　专业＿＿＿＿＿＿＿＿＿＿＿＿＿＿＿

2. 贵校开设课程的情况：
   是否开设了相关专业的课程：□是，课程名称：＿＿＿＿＿＿＿＿＿＿＿＿＿＿＿＿＿□否
   您所授课的课＿＿＿＿＿＿＿＿＿＿＿＿、＿＿＿＿＿＿＿＿＿＿＿＿、＿＿＿＿＿＿＿＿＿＿＿＿
   所用的教材＿＿＿＿＿＿＿＿＿＿＿＿＿　出版单位＿＿＿＿＿＿＿＿＿＿＿＿＿＿＿＿

3. 本书可否作为您校的教材？
   □是　　　　□否

4. 影响您选用教材的因素（可多选）：
   □内容　　　□作者　　　□价格　　　□出版社　　　□是否规划教材　　　□其他

5. 您对本书总体的感觉是：
   □非常适用　　□适用　　□一般　　□不适用

6. 您发现本书的错漏之处（请写明页码、行数）：
   ＿＿
   ＿＿

7. 您希望本书在哪些方面加以改进？
   □内容　　　□篇幅结构　　　□封面设计　　　□配套习题　　　□其他
   可详细填写：＿＿＿＿＿＿＿＿＿＿＿＿＿＿＿＿＿＿＿＿＿＿＿＿＿＿＿＿＿＿＿＿
   ＿＿

8. 资源服务提示：授课教师如需本书配套PPT及知识巩固答案，可向本出版社索取。
   感谢您的耐心配合！请将该反馈表寄至以下地址：
   通信地址：湖北省武汉市东湖新技术开发区华工科技园六路　邮编：430223
   电话：027-81339688-598